PÉLADAN

Les Idées et les Formes

Antiquité orientale

ÉGYPTE

KALDÉE — ASSYRIE — CHINE

PHÉNICIE — JUDÉE — ARABIE — INDE

PERSE — ARYAS D'ASIE MINEURE

DEUXIÈME ÉDITION

PARIS
MERCVRE DE FRANCE
XXVI, RUE DE CONDÉ, XXVI

MCMVIII

1.

LES IDÉES ET LES FORMES

DU MÊME AUTEUR

LA TERRE DU SPHINX (Egypte), 1900.
LA TERRE DU CHRIST (Palestine), 1901.
LA DERNIÈRE LEÇON DE LÉONARD DE VINCI, 1904.
ORIGINE ET ESTHÉTIQUE DE LA TRAGÉDIE, 1905.
LA CLÉ DE RABELAIS (secret des corporations), 1905.
DE PARSIFAL A DON QUICHOTTE (secret des troubadours), 1906.
INTRODUCTION A L'ESTHÉTIQUE, 1906.
DE LA SENSATION D'ART, 1907.
LA DOCTRINE DE DANTE, 1907.
RAPPORT AU PUBLIC SUR LES BEAUX-ARTS, 1908.

La Décadence latine (Ethopée).

I. LE VICE SUPRÊME (1884).
II. CURIEUSE (1885).
III. L'INITIATION SENTIMENTALE (1886).
IV. A CŒUR PERDU (1887).
V. ISTAR (1888).
VI. LA VICTOIRE DU MARI (1889).
VII. CŒUR EN PEINE (1890).
VIII. L'ANDROGYNE (1891).
IX. LA GYNANDRE (1892).
X. LE PANTHÉE (1893).
XI. TYPHONIA (1894).
XII. LE DERNIER BOURBON (1895).
XIII. FINIS LATINORUM (1898).
XIV. LA VERTU SUPRÊME (1900).
XV. « PEREAT ! » (1901).
XVI. MODESTIE ET VANITÉ (1902).
XVII. PÉRÉGRINE ET PÉRÉGRIN (1904).
XVIII. LA LICORNE (1905).
XIX. LE NIMBE NOIR (1906).
XX. POMONE.

Les Drames de la Conscience (Plon).

LE RONDACHE (1906).
THÉRIAQUE.

Amphithéâtre des sciences mortes.

I. COMMENT ON DEVIENT MAGE (éthique), in-8, 1891.
II. COMMENT ON DEVIENT FÉE (érotique), in-8, 1892.
III. COMMENT ON DEVIENT ARTISTE (esthétique), in-8, 1894.
IV. LE LIVRE DU SCEPTRE (politique), in-8, 1895.
V. L'OCCULTE CATHOLIQUE (mystique), in-8, 1898.
VI. TRAITÉ DES ANTINOMIES (métaphysique), in-8, 1901.
VII. LA SCIENCE DE L'AMOUR (en préparation).

La Décadence esthétique.

(*Les XXV ouvrages antérieurs de cette série sont épuisés.*)
L'ART OCHLOCRATIQUE, in-8, 1888.
L'ART IDÉALISTE ET MYSTIQUE, in-8, 1894.
LE THÉATRE DE WAGNER (les XII Opéras, scène par scène), 1895.

LA RÉPONSE A TOLSTOÏ, in-8, 1898.

INTRODUCTION à l'histoire des peintres de toutes les écoles depuis les origines jusqu'à la Renaissance, avec reproduction de leurs chefs-d'œuvre et pinacographie spéciale, in-4, format de Charles Blanc : l'*Orcagna* et l'*Angelico*.

LES XI CHAPITRES MYSTÉRIEUX DU SEPHER BERESCHIT, 1894.

LA SCIENCE, LA RELIGION ET LA CONSCIENCE, 1893.

LE PROCHAIN CONCLAVE (instructions aux cardinaux), 1898.

SUPPLIQUE AU PAPE POUR LE DIVORCE, 1904.

RÉFUTATION ESTHÉTIQUE DE TAINE (Mercure), 1906.

THÉATRE

LE FILS DES ÉTOILES, comédie en 3 actes, le 19 mars 1891, aux soirées de Rose + Croix, et le dimanche et le lundi de Pâques 1893, au Palais du Champ de Mars.

BABYLONE, tragédie en 4 actes, les 11, 12, 15, 17 et 19 mars 1893, au Palais du Champ de Mars ; le 28 mai 1894, au théâtre de l'Ambigu, et le 30 mai au théâtre du Parc, à Bruxelles. Elle a été donnée par Lady Caithness, duchesse de Pomar en sa salle des fêtes, le 5 juillet 1894.

ŒDIPE ET LE SPHINX, tragédie en 3 actes, le 1er août 1903, au théâtre antique d'Orange, par les artistes de la Comédie-Française et de l'Odéon.

SÉMIRAMIS, tragédie en 4 actes, le 24 juillet 1904, à l'AMPHITHÉATRE ANTIQUE DE NIMES, sous les auspices du Syndicat d'initiative des intérêts régionaux du Gard, par les artistes de la Comédie-Française et de l'Odéon ; le 23 janvier 1905, pour l'inauguration du THÉATRE ANTIQUE DE LA NATURE, à Champigny (Darmont, fondateur), sous la présidence de M. le ministre de l'Instruction publique et des Beaux-Arts, par les sociétaires de la Comédie-Française ; le 12 août 1905, au THÉATRE DE LA BOURBOULE, sous la présidence de M. le ministre des Colonies, par les sociétaires de la Comédie-Française.

THÉATRE PUBLIÉ

LE PRINCE DE BYZANCE, 1892, *épuisé*.

LE FILS DES ÉTOILES, 1894, *épuisé*.

BABYLONE, 1895, *épuisé*.

LA PROMÉTÉÏDE, 1896.

ŒDIPE ET LE SPHINX, 1902, *Mercure de France*.

SÉMIRAMIS, 1904, *Mercure de France*.

EN EXPECTATIVE

Drames : CAGLIOSTRO, en cinq actes.
CÉSAR BORGIA, en cinq actes.
FRANÇOIS D'ASSISE, en cinq actes.

JUSTIFICATION DU TIRAGE :

1,452

INTRODUCTION

Il faut avoir vu ; c'est le complément d'avoir lu. La Grèce respire aux métopes du Parthénon comme dans les tragédies de Sophocle : l'Égypte nous a légué ses temples et non ses textes. On le comprend aujourd'hui : le musée fait suite à la bibliothèque et la connaissance des formes est nécessaire à la compréhension des idées.

Jusqu'à l'imprimerie, l'art a été l'expression sentimentale de l'humanité, quel livre raconte le moyen âge comme une cathédrale ?

A considérer les origines, elles sont toutes orientales. Malheureusement ce très lointain passé s'enveloppe d'incertitudes innombrables.

Une vue panoramique de l'œuvre orientale, en suivant l'évolution, commence par l'Égypte, aurore de l'histoire, de la civilisation et de l'art, la Kaldée vient après : ces deux civilisations mères ont tout inventé, idées et formes.

Malgré son isolement la Chine occupe la troisième place, par sa date.

Les Sémites, Phéniciens et Juifs représentent la quatrième étape de l'humanité ; nos ancêtres indiens et persans apparaissent enfin.

Comme l'archéologie est une science en formation perpétuelle et qu'une fouille heureuse, comme celle de M. de Sarzec à Sirtello, ressuscite d'un coup de pioche des milliers d'années, on utilise des notions pour ainsi dire d'attente, sur les Aryas d'Asie Mineure, Chypriotes, Troyens, Hettéens, Phrygiens, Lydiens et Lyciens.

L'ancien monde tient mal dans un cadre si étroit. Mais les monographies abondent pour ceux qui veulent approfondir un coin du passé, tandis que le manuel précis et synthétique manque.

Ce livre est destiné à ceux qui veulent compléter leur culture littéraire par la connaissance de l'art ancien, envisagé aussi bien dans son caractère d'expression doctrinale qu'au point de vue esthétique.

L'art pour l'art est une conception très récente. Jadis il exprimait des idées. On a donné les religions et les doctrines inspiratrices en même temps que les œuvres réalisées.

Ni élémentaire quoiqu'il contienne les éléments; ni d'enseignement supérieur, malgré ses conclusions synthétiques, ce livre est *complémentaire* des humanités.

Un peu plus qu'un résumé et moins qu'un traité, c'est une initiation aux rôles esthétiques des races, à leur part dans l'œuvre humaine et pour ainsi dire le supplément à la culture de l'ancien honnête homme qui ne peut plus se borner à la qualité de lettré et doit ajouter la connaissance des Beaux-Arts à celle des Belles-Lettres. Dans le domaine esthétique les maîtres sont moins sûrs, les principes mal définis, les opinions sans cesse contradictoires. Un élève de l'Université possède beaucoup plus de notions indubitables qu'un élève de l'école des Beaux-Arts.

Les chefs-d'œuvre incontestables et unanimement tenus pour tels, dans les arts du dessin : voilà les vrais principes.

Voir, s'entend ici dans le même sens que lire, et convie à des images qui se trouvent partout et non à des voyages qui exigent du loisir et de l'or.

Un album de photographies, n'ayant pour légendes que le sujet, les lieux d'origine ou de conservation, la date et le nom de l'auteur, remplirait-il ce but ? Non.

On apprend à voir comme on apprend à lire.

Cette étude demande une application plus longue. Combien de lettrés et même d'écrivains illustres n'ont jamais su voir ? Erasme ne concevait pas qu'on s'extasiât devant un marbre grec.

Sans doute Léonard appelle justement le dessin une langue universelle. L'enfant reconnaît les objets avant de syllaber leur nom : mais pour lui tout homme est « un bon homme » ; adolescent il s'intéresse à l'action du bonhomme, et pas encore au torse brisé du Belvédère. Après ses humanités, on comprend les histoires que l'art raconte, sans pénétrer l'arcane de la beauté. Pourquoi, de deux vases semblables de matière et sans ornementation, l'un passe-t-il pour chef-d'œuvre et l'autre est-il tenu pour un vulgaire pot ? Pourquoi les arcades des rues de Bologne sont-elles nobles et celles de la rue de Rivoli quelconques ? Pourquoi une monnaie antique mérite-t-elle l'admiration tandis que la nôtre est vouée au mépris ? Parce que la ligne de l'arcade, du vase, et le relief de la pièce donnent l'impression d'un rythme parfait. Si on demande les règles de ce rythme, personne ne répondra : c'est littéralement un mystère.

Le Beau est le mystère des formes. Il faut donc une initiation pour le comprendre en même temps qu'une disposition.

« Les sciences imitables et quantitatives sont celles où le disciple se fait égal à son maître, comme les mathématiques », dit Léonard, « mais les sciences inimitables et qualitatives sont celles qui ne peuvent se léguer par héritage et où le disciple n'atteint jamais le maître. » La Beauté ne se prouve pas, elle s'éprouve. Il y a cependant des règles pour la produire comme pour la reconnaître. Née d'une sensibilité admirable, elle s'adresse à la sensibilité.

En écartant la question d'individualisme, nos facultés dépendent de la culture que nous leur donnons; et les vertus spirituelles comme les morales méritent l'épithète d'habitudes.

A chaque étude, il faut des principes ; la science s'appuie sur le phénomène, avec sécurité ; l'art trouvera ses lois dans les chefs-d'œuvre, phénomènes aussi évidents que ceux de la Cosmologie.

L'esthétique serait déjà une science constituée, si on l'avait considérée indépendamment des systèmes philosophiques. On l'a traitée comme un annexe de la croyance, la baptisant et la paganisant tour à tour, suivant qu'on fréquentait la paroisse ou la Faculté.

Qu'est-ce que l'Art? La création humaine.

Dieu a fait l'univers (macrocosme), l'homme a fait le temple (microcosme) d'où les arts sont sortis. Ce n'est pas étourdiment qu'on attribue à l'homme la faculté de créer? Les formes architectoniques en témoignent : et si la caverne a inspiré la crypte, l'arbre la colonne et la forêt le vaisseau ecclésial, il restait beaucoup à faire à son génie.

Les relations des thèmes naturels avec les œuvres rentrent dans les spéculations mystagogiques : l'art n'est pas une activité propre à notre espèce, mais particulière à un très petit nombre d'hommes d'une espèce suréminente. Le métier imite et répète l'œuvre d'art, l'industrie la répand. Une génération de touche-à-tout a inventé cette ineptie « les arts d'agrément », ce qui conteste l'infinie dignité du véritable artiste et la surnaturalité des chefs-d'œuvre. Beaucoup de gens étendent des couleurs sur de la toile, cela ne permet pas de méconnaître qu'autrefois le pinceau ouvrit le ciel à nos yeux mortels et nous fit voir des visages d'éternité.

Les plus dignes des hommes sont ceux qui expriment l'humanité, et lui fournissent l'essence de sa vie spirituelle et les formes de son rêve. Les vagues gens qui exposent aux salons annuels ne sauraient être compris dans l'ordre des pasteurs esthétiques ; non plus que le prêtre routinier ne saurait se mêler à la chorie des saints.

L'art est, de toute la manifestation humaine, le mode le plus bas et le plus niais dès qu'il sert de passe-temps.

Moralement, il y a l'honnêteté très différente de la sainteté, esthétiquement l'œuvre n'est que l'élément du chef-d'œuvre. Les ouvrages montrent entre eux la même distance que les hommes ; mais tandis que ces derniers peuvent plaire par un mélange tel quel de qualités et de défauts, les premiers sont tenus à présenter un ensemble harmonique, une unité qualitative.

La forme, langage prodigieusement synthétique, tire de la réalité une abstraction nommée ligne ou volume.

Qu'est-ce qu'un monument, sinon un calcul de lignes et de volumes pour l'expression d'une volonté spirituelle ? De l'allée de la forêt et de la caverne à une cathédrale, le travail de l'homme apparaît colossal. Qu'est-ce qu'une figure comme le sphinx ou le taureau ailé à face humaine, sinon une combinaison philosophique de motifs naturels pour la manifestation d'une idée ? Du chat au sphinx, du taureau sauvage au génie qui garde le seuil des temples, l'artiste, par des opérations quasi-divines, se haussa jusqu'au rôle de créateur. Or, la compréhension de tels miracles n'appartient pas à tous, et nul ne les entend sans un effort.

« Pour un esprit philosophique, il n'y a vraiment dans le passé de l'humanité que trois histoires de premier intérêt : l'histoire grecque, l'histoire d'Israël et l'histoire romaine. Ces trois histoires réunies constituent ce qu'on peut appeler l'histoire de la civilisation, la civilisation étant le résultat de la collaboration alternative de la Grèce, de la Judée et de Rome. » Qui dit cela ? un précepteur du Dauphin, un prédécesseur du bon Rollin? Non, cette opinion qui porterait l'estampille du XVIIe est celle d'un homme qui passe pour un novateur et même un téméraire, qui a voyagé en Syrie, qui s'est consacré aux études sémitiques, Ernest Renan.

Or, ni les idées, ni surtout les formes de ces trois civilisations ne sont originales. Israël s'est tour à tour inspiré de la Chaldée et de la Phénicie ; la Grèce archaïque ressemble à l'Égypte et Rome imita la Grèce, dès qu'elle voulut s'élever. L'historique demanderait des monographies, la preuve esthétique se présente d'un coup et péremptoire.

Le parallélisme des idées et des formes deviendra la méthode même de l'histoire philosophique, lorsqu'un homme officiel la présentera au public. Pour en saisir l'importance, il faut se souvenir du thème hugolien dans *Notre-Dame de Paris*, l'imprimerie a substitué les mots aux formes et fermé l'ère synthétique pour ouvrir celle de l'analyse et de la spécialisation ; la Révolution en dispersant les antiques communions comme les corporations, a détruit les motifs de l'expression esthétique en même temps que les garanties d'exécution. Aujourd'hui, *l'art pour l'art*, qui n'est pas une doctrine mais un fait conséquentiel de l'état social, équivaut à une théorie de parler pour ne rien dire et en propos individuels et inintéressants.

Des affinités électives existent entre une catégorie humaine et une catégorie d'ouvrages et les procès intentés au nom du goût opposent des personnalités entre elles et non des vérités. Le sentiment joue un tel rôle dans l'appréciation qu'il serait aussi fou de demander compte à quelqu'un de ses prédilections que de ses passions : et la philosophie esthétique ne vaut guère que par la richesse expressive d'un enthousiasme souvent exagéré.

Toutefois, Platon a donné une ascétique des passions basée sur l'esthétique, lorsqu'il dit de se plaire d'abord à la beauté éparse, puis à sa synthèse, enfin à sa moralité. L'évolution de la pensée se fait par un double passage du plan sensible à l'affectif et de l'affectif à l'abstraction.

Il y a autant de métaphysique transcendantale dans un marbre que dans un traité d'Aristote, seulement, ceux qui lisent sont légion auprès du petit nombre de ceux qui voient.

La Nécessité fut la première muse ; on ne la nomme jamais, l'homme croirait ainsi diminuer à la fois son origine et son devenir, il ne veut d'autre preuve de son génie, que son art, la création désintéressée de la beauté. Il oublie volontairement l'incommensurable effort que patronna Prométhée, pour s'enorgueillir d'avoir découvert la perfection.

Car le plaisir esthétique résulte d'une rencontre de notre esprit avec un reflet de l'absolu : rencontre d'une volupté suréminente que l'art seul procure.

Étrange condition que celle d'un être qui ne s'estime que dans la mesure où il sort de lui-même et du présent ? Qui met son honneur à sacrifier ses instincts à des sentiments et supporte tout pourvu que ses peines soient le prix d'un rêve !

Plus étrange encore que nos maux et nos biens positifs tiennent moins de place que ceux que nous imaginons et que les seuls motifs qui nous soient chers s'appellent des abstractions.

L'appréhension et le regret torturent plus que l'événement et l'homme dominé par ses impressions autant que par les réalités, s'efforce d'affirmer son immortelle destinée ; et comme la notion divine est le sommet de sa pensée, il fait le Dieu, en créant à son tour des formes réalisatrices de sa volonté. Les grands artistes dont la psychologie nous est connue, ne découvrent pas tous un état de conscience aussi transcendantal : peu d'hommes savent ce qu'ils font, soit en bien, soit en mal, et le génie de l'humanité se cache derrière le génie individuel.

L'œuvre d'art renferme la manifestation majeure de notre espèce et la plus haute expression de son désir. Au lieu de lui imposer un sens doctrinal, mieux vaut l'entendre comme une exaltation de l'âme.

La tradition est le nom métaphysique de l'expérience ; l'exemple qui prouve les règles, le déterminisme sensible.

Ce qui est beau, emprunte ce caractère des mêmes principes, d'un bout à l'autre de l'histoire ; et l'esthétique offre sans cesse la manifestation de théories permanentes et propres à son essence, en dépit des lieux et des races.

La culture littéraire suffit-elle à un homme du vingtième siècle ? Celui qui aurait beaucoup lu serait-il l'honnête intellectuel ayant des clartés de tout ? Non.

L'admirable Racine qui traduisait Sophocle à livre ouvert, devrait aujourd'hui connaître le

Parthenon et ses métopes et Bossuet irait au musée avant d'écrire sur les Égyptiens.

Des exemples illustres montrent que le philologue peut se passer des longs et pénibles voyages, et les textes testamentaires de l'esprit se révèlent à l'esprit qui les interroge : l'œuvre d'art et surtout l'édifice, je ne crois pas qu'on le puisse sentir d'après le livre qui ne se révèle pas en image. La terre qu'on foule, le ciel qui plafonne, l'air même qui passe sont des truchements de la compréhension. Je n'ai compris la Grèce qu'au Parthenon et l'Égypte qu'à Thèbes.

Les textes reçoivent de l'étude des monuments une éclatante lumière. Bossuet, d'après Diodore, ne croit-il pas que le jugement de l'âme, en Égypte, se fait sur la terre, et que le verdict consiste à la permission ou au refus de la sépulture ? Et depuis combien de temps sait-on que Paris ou baris, la ville qui a pour emblème une nef, porte le nom de la barque sacrée en Égypte ?

Pour juger du mérite d'une littérature, il faut en savoir la langue et en comprendre le texte : or, la forme traduisant toujours une idée, on ne décidera de sa perfection que par la connaissance de cette idée.

Les formes sont nées des idées et leur servent

de corps, j'ai recherché comme divisions de cette étude panoramique les points synthétiques : trois rapports majeurs : celui de créature à créateur exprimé par le temple, celui de la vie à la mort, manifesté dans le tombeau, celui enfin de l'homme s'interprétant lui-même. Cela conduit à une histoire du temple ; du tombeau et de la figure humaine.

Ces catégories perdent leur importance suivant les époques. Le Père-Lachaise n'a pas de proportion avec la nécropole memphite ; et les Halles aux draps d'Ypres égalent en importance une cathédrale ; à la Renaissance les palais l'emportent sur les églises. D'autre part, où trouverions-nous en Orient, des édifices civils de l'importance des Thermes de Caracalla ou des hôtels de ville flamands ? Les divisions de l'ère orientale ne conviendraient pas à l'autre.

Faut-il justifier cette méthode ? L'homme ne dépend-il pas surtout de deux notions, son origine et sa fin et ses actes collectifs et surtout esthétiques ne sont-ils pas ainsi déterminés ?

Nous sommes habitués aux philosophies plus qu'aux religions : les premières abstraites participent moins au temps, au lieu et à la race. L'art fut sans cesse inspiré par les religions qui lui fournissaient des thèmes autrement féconds. Il n'existe pas d'art philosophique parce que la forme donne un corps aux âmes et non aux concepts.

Avant d'écrire, l'homme dessina. Pour que le disque s'identifiât au soleil, puis au jour, à la vie, à la victoire, à la richesse et devînt un idéogramme, une clé expressive, un hiéroglyphe, il fallut une longue élaboration. Les rébus de nos journaux illustrés ou écriture par les choses, constituent des hiéroglyphes phonétiques. D'abord on abrégea les formes, un point fut un œil, une plume un oiseau, la convention intervint : une étoile sous le croissant signifia le mois.

Champollion, en lisant les noms de Bérénice et de Cléopâtre sur les cartouches royaux, découvrit un alphabétisme ; du jour où la forme devint lettre, et qu'il y eut une écriture, elle se transforma et commença sa véritable destinée de réalisation optique.

L'œil, le sens magnifié par Léonard (1) au-dessus de tous les autres, a doté l'esprit d'une faculté spéciale d'inventer les corps pour tous les sentiments réalisant pour tous l'impression d'un seul.

Cette faculté n'a aucun rapport avec l'imitation qui n'est qu'un acheminement vers la conception artistique. La photographie a mieux

(1) Léonard de Vinci, *Textes choisis*, p. 153.

servi la véritable esthétique que les spéculations transcendantales : un instantané ne fournit qu'un document et jamais la beauté, qui n'existe pas plus que la vérité ou la justice, ou toute autre abstraction que l'homme conçoit parce qu'il la contient. Toutefois, si la vérité, si la justice ne parviennent à l'évidence, la beauté s'impose et défie le doute et la contradiction : c'est le seul aspect de la perfection qu'il nous soit donné de contempler.

L'homme créé en 4138, postérieurement au grand Sphinx, le déluge universel en 2482 au temps où les Elamites envahirent la Kaldée, voilà les dates pour 1850. Un immense horizon historique s'est révélé à nous depuis un siècle.

Les personnes mûres ont appris l'histoire dans des manuels forcément erronés, puisque les découvertes de ces derniers temps étaient imparfaites et à l'état de nouveautés pendant leur éducation : celui qui fit ses classes vers la fin du second empire n'entend plus rien à l'histoire générale, s'il n'a recommencé son instruction par la lecture et le musée.

L'obélisque de la place de la Concorde privé de son pyramidon doré, de sa base propre, et perdu au milieu d'un trop vaste espace, ne donne aucunement l'effet réel qu'il produit en avant d'un temple à l'architecture trapue.

En Égypte, les temples inondés de soleil par l'écroulement des dalles de la toiture ne manifestent pas le caractère mystérieux d'autrefois où la pénombre régnait dans le sanctuaire.

Pour ressusciter des aspects aussi complètement abolis, un problème surgit à chaque pas. Par exemple la colonne à seize pans de Beni-Hassan est-elle le prototype du dorique?

Ce manuel réunit dans un volume ordinaire des notions certaines, c'est-à-dire acceptées à peu près unanimement sur l'histoire des idées et des formes. Ce ne sont que des aperçus, mais ils forment un index de l'évolution humaine.

Le développement littéraire qui seul crée l'intérêt de lecture devait être banni d'un résumé qui englobe l'antiquité orientale, et l'Asie et l'Afrique.

J'ai ajouté à l'Orient classique, la Chine et l'Inde, malgré que le travail historique sur ces civilisations soit encore incomplet et incertain. Les Ioniens adorateurs d'Athéné sont bien les fils des Yavanas, adorateurs de l'Athana védique, et Prométhée porteur de feu est identique à Pramantha le bois, qui sert à incarner Agni.

Quant à l'empire du Milieu son antiquité bien plus haute que celle d'Israël, sa prochaine et redoutable entrée dans les intérêts de l'Occident, l'imposaient.

La notion exclusivement littéraire est souvent fausse : il faut avoir vu Jérusalem pour se rendre compte de la disproportion prodigieuse entre la réalité de cette ville et le prestige de son nom, tandis que, le Parthenon seul témoigne pleinement du génie d'Athènes et rend explicable l'épithète de barbare que les Attiques prodiguaient à tout venant.

La connaissance du passé ne comporte pas exclusivement que les chefs-d'œuvre et l'étude livre au lettré autre chose que des merveilles, un complément d'information sur les races qui jouèrent un rôle dans l'univers.

Israël n'a point d'art qui lui soit propre : mais il est intéressant de connaître comment ce petit peuple si littéraire construisit son temple.

La Phrygie ne nous livrera rien d'admirable, pourtant notre mémoire s'intéresse à Tantale, à Niobé. N'est-ce pas le vainqueur de Tantale, Ilos, qui fonde Troie ? N'y a-t-il pas, parmi les modes grecs, le phrygien ? Cybèle est phrygienne comme Dionysos est thrace. Cela suffit pour que les ruines de ces pays nous intéressent.

Dans un cadre aussi restreint, on ne traite aucune époque à fond, on les marque toutes, de façon à compenser par l'ensemble panoramique la brièveté de chaque section.

Rien n'est aussi ingrat que ces indications précises où l'écrivain disparaît et rompt sa phrase pour gagner de la place : peut-être aussi, rien de plus utile que ces quelques renseignements sûrs et clairs, dans leur aridité.

Ce point pratique, le lecteur devra l'envisager pour se montrer équitable envers cet essai qui n'est ni une histoire ni une archéologie, ni une esthétique, et qui cependant réunit quelques traits de chacune de ces sciences à propos de chaque famille humaine.

Ni scolaire quoiqu'il contienne les éléments de l'archéologie; ni d'enseignement transcendantal quoiqu'il tende à des conclusions synthétiques : ce livre est corollaire des anciennes humanités et s'adresse à ceux qui ont déjà lu et qui veulent étendre le domaine de leurs connaissances. Plus qu'un résumé, moins qu'un traité, c'est un outil de travail, propre à faciliter le développement du sens esthétique.

L'œuvre d'art illustre plutôt qu'un texte, une croyance, et qui ignore la théorie égyptienne du devenir ne comprendra ni la pyramide, ni le colosse. L'art réalise une pensée, j'entends l'art ancien ; le nôtre ne manifeste plus qu'une personnalité. Comment comprendre les taureaux ailés de la Babylonie, ces génies protecteurs du seuil, si on ignore la pullulante superstition de ce pays où la vie mentale était tout occupée à craindre et à conjurer les mauvais génies ?

Il est donc nécessaire d'exposer l'idée génératrice en même temps qu'on montrera sa forme.

Quant aux divisions elles changent avec les races, la tombe qui tient tant de place dans la vallée du Nil, n'offre aucun aspect au bord de l'Euphrate : la peinture si féconde dans notre ère n'est qu'une polychromie architecturale en Orient.

Enfin, il y a quelque abnégation à écrire pour dix années au plus. Dix ans font de tout travail archéologique une inutile vieillerie.

Un seul coup de pioche à Ereck a révélé la statuaire kaldéenne et M. de Sarzec a ajouté à l'histoire des civilisationsprimitives un chapitre capital : mais les têtes découvertes, ces têtes rasées aux pommettes saillantes sans rapport avec la race sémitique se dressent en énigmes. A quelle race appartient ce type ?

Les découvertes n'éclaircissent pas les problèmes, elles en multiplient les termes et forcent à procéder par formule dubitative, à moins de se contenter de mots sans réalité.

La Tour de Babel est là, sous le nom de Birs Nimroud, et si la curiosité était vive on attaquerait avec fruit cet amas de décombres. Une fouille de ce genre et aussitôt le présent livre ne vaudra plus rien : les points encore douteux seront éclaircis, d'autres qui semblent clairs s'obscurciront.

Deguignes n'a-t-il pas écrit : « Les Chinois ne sont qu'une colonie égyptienne, je l'ai prouvé dans un mémoire lu à l'Académie », et encore, du même : « On a trouvé dans la langue sanscrétane des mots grecs et latins », et cependant c'était un savant. Le premier, il vit l'origine égyptienne et hiéroglyphique de l'alphabet phénicien.

Philarète Chasles n'était pas un imbécile et il a écrit que l'Inde était fille de la Grèce.

Le fait le plus important de l'archéologie est assurément la ruine du prestige sémitique, il entraîne des conséquences incalculables.

La séparation des deux Testaments ne rencontre plus qu'une opposition disciplinaire : pour ceux qui croient à la Divinité du Christ, Iahvé est un horrible Dieu ; et le rôle corrupteur de l'élément juif dans notre civilisation poussera les Aryas à connaître leurs origines et à invoquer le Mérou au lieu du Sinaï.

Un prochain clergé retrouvera les ancêtres dans ceux qui insérèrent dans l'Avesta, « le Verbe fils du père et leur coexistence avec l'esprit » et qui abolirent le sacrifice sanglant, donnèrent aux moines leurs prototypes, dans les ordres mendiants de l'Inde Boudhique : car suivant la naïve exclamation du missionnaire Bury en Chine : « Il n'y a aucune pièce de notre habillement, aucune fonction sacerdotale, aucune cérémonie de l'Église romaine, dont le diable n'ait inventé une copie en ce pays ».

Les inventions prétendument diaboliques se trouvent être les véritables originaux d'après lesquels, le génie Aryaque a su s'élever au-dessus de ses maîtres et ayant reçu tous les modèles, les surpasser.

SOURCES GÉNÉRALES

Atlas de l'histoire de l'art. Première partie, 100 planches, éditeur Seeman, de Leipzig, 1900.

Ce recueil, d'une commodité incontestable, donne la meilleure et surtout la moins coûteuse suite de figures nécessaires à l'esthéticien. La librairie française ne possède rien d'équivalent.

PERROT et CHIPIEZ, *Histoire de l'art dans l'antiquité*, 6 vol. gr. in-8 illustrés. Paris, Hachette, 1882-1901.

EDGAR QUINET, *le Génie des religions.*

GABRIEL SÉAILLES, *Essai sur le génie dans l'art.*

EMILE MICHEL, *Essai sur l'histoire de l'art.*

PELADAN, *Réfutation esthétique de Taine.*

J. RUSKIN, *les Sept Lampes de l'architecture.*

BOSCH, *Dictionnaire d'architecture.*

BATISSIER, *l'Art monumental.*

MASPERO, *Histoire ancienne des peuples de l'Orient classique*, 3 vol., 1895-1899.

GUSTAVE LEBON, *les Premières Civilisations.*

LENORMAND et BABELON, *Histoire ancienne de l'Orient*, 9e édition, Paris, 1885.

CAROTTI, *Cours élémentaire d'histoire de l'art*, 2 vol. avec 1.000 gravures, Hœpli, Milano, 1907.

Ces ouvrages contiennent les indications bibliographiques d'une étude plus approfondie.

PROLOGUE

LE PRÉ-HISTORIQUE

§ 1. — *L'humanité primitive d'après la Genèse.*

Dans une étude où l'on envisage l'œuvre humaine il n'y a pas à tenir compte de la cosmologie : mais l'art n'étant qu'une forme sensible de la pensée, il convient de citer la fable la plus belle et la plus générale, comme type d'invention. Que le Bereschit s'accorde ou non avec l'Académie des sciences, il donne un poème complet de la création, en une coordination curieuse. D'antiques traditions, Kaïn et Abel, Henock et Worad, Melhousael et Lamech, que sont-ils ? Évidemment, des allégories dont nous ignorons le sens.

Dans le livre des générations adamiques, il y a autre chose qu'une rêverie, un legs d'une conception très vénérable. Sem, Cham et Japhet dont on a fait des prototypes de race représentent peut-être des périodes évolutives.

Quoique le texte de la Genèse (Sepher Bereschet) ne nous soit parvenu qu'en langue hébraïque, il est de toute évidence que Moïse n'en est pas l'auteur, tout au plus le copiste. Le tenait-il des prêtres égyptiens qui l'élevèrent?

Serait-il vrai que l'hébreu ait servi de langue secrète au sacerdoce pharaonesque et que Moïse l'enseigna comme langue nationale à cet amas sémitique dont il fit un peuple? Comme la Bible a servi de base à la totalité des livres occidentaux, qu'elle fournit, à tort ou à raison, la base de la croyance et de la recherche, il fallait la citer. Aussi bien les autres versions de l'humanité primitive sont moins plausibles encore.

La traduction qu'on va lire, et qui a eu pour point de départ celle de Fabre d'Olivet, ne prétend pas éclaircir un texte énigmatique de façon satisfaisante, mais seulement avancer un peu vers le sens probable et rationnel.

Genèse, C. IV

v 1. Et le principe Adamique copula avec le principe Héwaïque, son complémentaire; et il en résulta le principe Kaïnique, force centripète. Héwa dit alors : « J'ai acquis un nouveau principe hominal selon Ioàh. »

v 2. Héwa, c'est-à-dire la passivité d'Adam, compléta sa manifestation en enfantant Habel, force centrifuge, principe parallèle à Kaïn; or Habel, devait présider au macrocosme (cosmos) et Kaïn à l'évolution du microcosme (adamité) ou terrestrité.

v 3. Le principe Kaïnique projeta vers Ihoah un effort conforme à l'Adamité mais dépassant l'actuelle stase phénoménique.

v 4. Habel lui aussi, des prémices de son activité cosmique projeta son effort également à l'état de quintessence; et Ihoah confirma l'effort d'Habel et l'agréa comme harmonique à son verbe.

v 5. Ihoah ne confirma pas l'effort du principe Kaïnique et ne l'agréa pas comme harmonique à son verbe; et sitôt le principe Kaïnique se contracta, s'embrasa et ses manifestations stérilisées cessèrent.

v 6. Alors Ihoah dit au principe Kaïnique: « Pourquoi t'es-tu contracté en t'embrasant et pourquoi as-tu cessé ta manifestation. »

v 7. Si ton effort est harmonique tu es confirmé; et si tu n'es pas confirmé c'est que ton effort est inharmonique. Et cela se voit à tes manifestations. Ou la désharmonie t'entraîne en son vertige ou bien tu te complais à y céder.

v 8. Alors l'entité Kaïnique projeta sa norme vers son parallèle Habel; c'était pendant une élaboration énormonique où tous deux agissaient ensemble : le principe Kaïnique exaltant sa substance, absorba le principe Habélique, son parallèle.

v 9. Ihoah dit au principe Kaïnique : « Où est le « principe Habélique, ton parallèle ? » Et Kaïn dit « Le sais-je; suis-je son gardien ? »

v 10. Ihoah dit: « Qu'as-tu fait? La série évolutive « Habélique s'élève vers moi réclamant son principe « qui était ton parallèle.

v 11. « Désormais tu seras maudit par ce principe « Habélique, lequel a dû subir une douloureuse « résorption par le fait de ta brutale absorption en-« vers lui ton parallèle.

v 12. « Aussi lorsque tu devras manier par ton « énergie propre l'élément adamique, il opposera sa « propre énergie à ta virtualité; — intermittent, « errant, tu seras sans localisation sur la terre. »

v 12. Et Kaïn dit : « J'ai donc produit un grand « désordre, à en juger par mon dam.

v 13. « Ainsi tu me bannis de la sphère adamique. « Je dois fuir hors de tes normes; intermittent, « errant, je serai sans localisation sur la terre. Ainsi « donc je serai à la merci de tous les autres principes « cosmiques. »

v 14. Ihoah déclarant sa volonté dit au principe Kaïnique : « Celui qui voudra t'accabler septimera ta force. » Et Ihoah attribua au principe Kaïnique une extériorité qui le protégea.

v 15. Et le principe Kaïnique se retira de l'évolution terrienne et il s'exila au centre même de la compression moléculaire (feu central).

v 16. Le principe Kaïnique copulant avec sa faculté passive, celle-ci enfanta Henoch (élément de fixation) : puis le principe Kaïnique solidifia un abri sphérique qu'il nomma du nom de sa filiale modalité Henochia.

v 17. L'élément Henoch se modalisa, à son tour, en Worad (énergie diffuse).

Worad se modalisa en Méthousaël (force concrétive extérieure); Méthousaël se modalisa en Méthousaël, force dissolvante intérieure.

Enfin Méthousaël, la force dissolvante intérieure se réalisa en Lamech (l'agglutinatif, le cohésif).

v 18. Le cohésif Lamech se combina avec deux facultés cosmiques : Wadah, la régularité phénoménique, et Tzillah, la potentialité latente (cynétisme).

v 19. La potentialité latente Tzillah se modalisa en Ioubal (la production fertile) la germination de la terre, la force distributive et qui fermente.

v 20. Et la parallèle de Ioubal, le producteur fertile fut Tubalkaïn, c'est-à-dire cette même production fertile transportée dans le monde inorganique et invisible des affinités. Tubalkaïn avait pour parallèle passive Nahamah le principe sériel.

v 21. Alors Lamech, le cohésif, dit à ses facultés cosmiques, Wadah, la régularité phénoménique, et Tzillah, la potentialité latente : « Écoutez, modalités de Lamech, entendez mon verbe; j'ai dissous les individualités, de la substance pour la dilatation de mon principe et l'évolution de mes modalités.

v 22. « Comme il a été dit que toute opposition au principe Kaïnique septimerait sa force, toute opposition à l'élément Lamech, l'exaltera septante fois sept fois. »

v 23. Cependant l'Adamité copula avec son passif Hewaïque et Hewa enfanta de nouveau un principe du nom de Seth, et elle dit : « Suivant son nom il sera la base de mes générations », car les êtres délégués de l'Être avaient résolu la naissance de Seth pour tenir la place de Habel que le principe Kaïnique avait absorbé (vaporisé).

v 24. Et Seth engendra à son tour et nomma sa modalité Ænosch (l'homme propre à évoluer) et dès lors, l'Adamité enfin sortie des élaborations cosmiques espéra et connut en son cœur son Dieu, et créateur, Ihoah.

Genèse V

v 1. Voici le livre des générations Adamiques. Les êtres délégués de l'Être, en concevant la création de l'espèce humaine avaient dès lors déterminé la loi de son évolution.

v 2. Ils créèrent l'espèce humaine androgyne et l'appelèrent Adamité, ils la bénirent et la nommèrent dès l'abord, du nom sériel Adamité.

v 3. Après une période de trois décuples et une centaine, l'Adamité, grâce à sa faculté assimilatrice, généra d'après elle, projetant son ombre en réalisation : une entité qu'elle nomma Seth.

v 4. Après que l'Adamité eut généré l'entité Seth, elle évolua pendant huit centaines ontologiques, générant encore des activités et des passivités.

v 5. Et les périodes ontologiques de l'Adamité atteignirent neuf centaines et trois décuples et l'Adamité fut absorbée.

v 6. Mais Seth (le fondement) existait depuis cinq périodes ontologiques et une centaine lorsqu'il généra Ænosch (l'homme évolutif).

v 7. L'entité Seth évolua encore après la génération Ænosch sept périodes ontologiques et huit centaines et il généra encore des activités et des passivités.

v 8. Or l'ensemble des périodes ontologiques de l'entité Seth furent au nombre de deux et un décuple et une centaine : et il fut absorbé.

v 9. Cependant Ænosch (l'homme évolutif) existait depuis neuf décuples ontologiques lorsqu'il généra l'entité Kaïnan.

v 10. Ænosch exista encore après cette génération pendant cinq périodes, un décuple et huit centaines; il engendra des activités et des passivités.

v 11. Or l'ensemble des périodes ontologiques de l'entité Ænosch atteignit cinq périodes et neuf centaines : et il fut absorbé.

v 12. Kaïnan existait depuis sept décuples, quand il généra Méthousaël le splendide.

v 13. Et Kaïnan exista encore après, pendant quatre décuples et huit centaines, et il engendra des activités et des passivités.

v 14. Or l'ensemble des périodes ontologiques de l'entité Kaïnan fut de dix périodes et neuf centaines et il fut absorbé.

v 15. Cependant le splendide Méthousaël existait depuis huit périodes et six décuples quand il généra Ired (analogue à Whorad, modalité de Kaïn).

v 16. Et Méthousaël exista encore, trois décuples et huit centaines et engendra des activités et des passivités.

v 17. Ainsi, l'ensemble des périodes ontologiques de l'entité Méthousaël fut de cinq périodes neuf décuples et huit centaines et il fut absorbé.

v 18. Cependant Ired avait existé pendant deux périodes, six décuples et une centaine lorsqu'il généra Ænosch.

v 19. Or Ired exista encore après huit centaines et il engendra des activités et des passivités.

v 20. Ainsi l'ensemble des périodes ontologiques de l'entité Ired atteignit deux périodes, six décuples et huit centaines et il fut absorbé.

v 21. Cependant Ænosch avait existé pendant cinq périodes et six décuples lorsqu'il généra Méthousaël (le mouvement de la mort).

v 22. Or Ænosch suivit les enseignements des Œlohim et il exista encore trois centaines, après avoir généré et il produisit des activités et des passivités.

v 23. Or l'ensemble des périodes ontologiques de l'entité Ænoch atteignit cinq périodes, six décuples et trois centaines.

v 24. Il s'efforca à l'imitation des Œlohim et se sublimisa; et il entra dans la sphère spirituelle.

v 25. Cependant Méthousaël existait depuis sept périodes, huit décuples et une centaine, quand il généra l'entité Lamech.

v 26. Or Méthousaël exista encore après deux

périodes, huit décuples et sept centaines et il généra des activités et des passivités.

v 27. Ainsi, l'ensemble des périodes ontologiques de Méthousaël, atteignit neuf périodes, six décuples et neuf centaines; et il fut absorbé.

v 28. Lamech existait depuis deux périodes, huit décuples et une centaine lorsque qu'il engendra un fils.

v 29. Il le nomma Nouah (l'équilibre hominal) et lui déclara sa pensée : « Celui-ci nous soulagera de notre effort et de ce qui l'augmente, en cette sphère Adamique qui évolue sous la sévérité de Iohah. »

v 30. Lamech exista encore après cinq périodes, neuf décuples et cinq centaines et il généra des activités et des passivités.

v 31. Ainsi l'ensemble des périodes ontologiques de Lamech atteignit sept périodes, sept décuples et sept centaines et il fut absorbé.

v 32. Nouah (l'équilibre hominal, l'homme évolué qui était le résultat de cinq centuples périodes ontologiques), généra Sem, le corporel, Cham, l'animique, et Japhet, l'intellectuel expansif.

§ 2. — *La Forme primitive.*

Sous les noms successifs de monuments druidiques, celtiques, mégalithiques, on désigne des ouvrages singuliers, sans aucune indication de date ni de race.

Sont-ils contemporains de l'aube égyptienne et kaldéenne ou antérieurs ou postérieurs ?

Ils affectent deux formes.

Le *mene-hir* ou *peulvn*, pierre verticale, prototype de l'obélisque (Pennmark).

Le *dolmen* ou pierre horizontale posée sur deux verticales, prototypes de la porte et du portique, de l'autel. Une suite de mene-hirs de moyenne dimension forment les alignements célèbres de Karnach (Morbihan). Une succession de dolmens juxtaposés constitue une allée couverte (Saumur). Les cromlechs sont des pierres arrangées en cercle. Tous ces ouvrages sont-ils funèbres ou religieux ? A une époque primitive, ces deux idées devaient se fondre.

Leur caractère essentiel consiste dans le rapprochement ou la superposition de gros blocs bruts sans aucune maçonnerie.

En Égypte, les tombes de la quatrième dynastie ont à droite et à gauche de la porte de petits mene-hirs calcaires d'un mètre, tandis que celui de la reine Hatshopsitou, à Karnach, atteint 33 mètres. Au quatrième siècle de notre ère, on retrouve encore le mene-hir, à Axoum (Éthiopie).

Hypothèse. — La plus haute antiquité se rencontre au delta du Nil et à celui de l'Euphrate.

Toutefois la civilisation a remonté le fleuve

au lieu de le descendre : ce qui induirait à penser qu'elle y a été apportée par mer et toute faite, puisque l'œuvre memphite s'affirme la plus parfaite de toute l'Égypte.

D'après les traditions, le fameux déluge aurait englouti un continent, l'*Atlantide*, qui portait alors une civilisation complète; et la race Atlante ou rouge, dispersée par le cataclysme se retrouverait prospère vers le Nil, moins nombreuse et vite mélangée en Kaldée, errante et désemparée sur la côte Armoricaine, stupéfiée et déchue dans l'Amérique du Nord.

Cette hypothèse qui engage et la géologie et la paléontologie ne recevra jamais de solution ; mais les relations de formes entre les mégalithes et les types égyptiens s'imposent.

On suppose encore que ceux qui devaient se fixer au Nil abordèrent d'abord au delta du Tigre et de l'Euphrate et ne trouvant pas ce lieu marécageux propice à leur établissement, quittèrent en grand nombre le delta persique, traversèrent le désert, et se fixèrent à l'autre delta.

Je crois utile de donner ici l'ethnologie biblique pour la commodité du lecteur ; tous les livres la discutent, quand ils ne l'adoptent pas.

§ 3. — *Identification historique des fils de Noë.*

v 1. Or voici les générations émanées des Noahides, selon la prédominance en eux d'une des trois facultés; les Shemides, les Hamides et les Japhetides! voici les subdivisions de la prédominance expansive d'icelles, après l'intumescence des eaux.

v 2. Voici donc les tribus Japhetides :

Gomer (Kimmériens, Kersonèse Taurique; en assyrien Gimirraï; Trako-phrygiens établis des deux côtés du Pont-Euxin, Cappadoce).

Magog (Scythie, prophétie d'Ezechiel, il parle de Gagie, le Gog du prophète).

Madaï (Medie).

Yavan (Yavanas, ioniens).

Tubal (Asie Mineure, Tibadéniens).

Mouschki (Moschiens, Cappadoce, Haut Euphrate).

Thiras (Taurus, Cilicie ou Thrace ?)

v 3. Les peuplades émanées de Gomer :

Ashkaniens (nord de la Phrygie, Ashkagne fils d'Enée ou Phrygie).

Ripha (Paphlagonie, monts Riphées).

Toghorma (au nord de la Syrie Arménie Occidentale, tradition : Thorgome, ancêtre).

v 4. Les Bené Javan (Ioniens).

Elischah (Eoliens ?)

Tarsis (Touirscha, Tursans ou Gélages Tyrherdas, côte Asie Mineure, îles de la Mer Égée).

Kittim (Chypre ou ville de Kit).

Dodanim (Samaritain Rodanim, îles de Rhodes et Cariens).

v 5. Ainsi par ces expansions populeuses, l'humanité établit des centres civilisateurs : chaque race obéissant à sa propension et se constituant en état, suivant ses appétences diverses.

v 6. Les peuplades émanées d'H'am furent :

H'am (race brune, Égypte, Phénicie et Éthiopie ; actuellement Nubiens, Abyssins et Touareg avec une sous-race Égypto-Berbère), généra quatre peuplades.

Kusch (le Nil, sud de la Nubie et de la mer d'Oman aux embouchures de l'Indus).

Misraim (Egypte).

Puth (Lybie fleuve Fut, en Mauritanie, Pount, côte africaine des Somalis et côte orientale de l'Arabie heureuse).

Kanaan (Phéniciens).

v 7. Les Bene-Kusch se subdivisèrent en :

Séba (Sabata de Ptolémée, rive occidentale de la mer Rouge).

Avila (Avalit, au sud du golfe de Zeïlah).

Sapta (Sabota capitale des Khatramotites, Hadhramant).

Ra'emah (Regma, golfe persique).

Sabteka (fleuve Samydaces, littoral de la Carmanie).

Les Bene *Ra'emah* se subdivisèrent en :

Schéba (Isebes, côte d'Oman, Sabéens de Pline).

Dadene (Iles Bahreïnes).

v 8. De Kusch sortit Nimroud namarud (splendeur), en lui commença la royauté. Il s'établit puissamment sur la terre. Il dressa son orgueil de conquérant devant l'éternel et depuis l'on a dit proverbialement : comme Nimroud le conquérant qui oppose son despotisme à la face de l'éternel.

Il régna sur Babel (Babilou). Ereck (Eridou). Accad et Kalané au pays Schinaar.

De ce pays sortit Assour. Il bâtit Ninive.

Réhobothhir, Kalsk, Resen, cité entre Ninive et Kalak, c'est la grande ville, bâtie en 1300 par Salmanasar.

v 13. Les Bene Misraim furent :

Les *Ludim* (Égyptiens), *Lot* la race par excellence.

Les *Anamim* (Les Anous des inscriptions de Dendérah et d'Ermonthis).

Les *Lehabim* (Labou, Lybiens).

Les *Naphtuhim* (Memphis, Na-phtah).

Les *Patrusim*, Thébaïde. Pathrouscites (Thébaïde).

Les *Casluhim*, pays du natron, Hesmen, nome lybigades d'où sont sortis :

Les *Philistim* (Phéniciens).

Et les *Caphtorim* (île de Kaphthor, la Crète).

v 15. Les Bene-Kenahan engendrent Sidon, Çidon (Phéniciens).

Heth (Kéthae, Hatti, Hittim).

v 16. Et les *Iebusiens* (Yebous, plus tard Yerouschalaim).

Les *Amoréens* (Montagnards d'Ephraïm et de Juda).

Les *Guirgasiens* (Kanaan ?)

v 17. Les *Héviens* (Hivi, Sichem et mont Hermon).

Les *Arkiens* (Arka; Liban).

Les *Siniens* (Liban).

Les *Arvadiens* (Arvad, Aradus classique).

Les *Tsemariens* (Çimirra classique).

Les *Hamatiens* (Hamath, vallée de l'Oronte).

v 19. Ensuite les tribus Kananéenes se dispersèrent, elles allèrent du côté de Ghuérar.

Jusqu'à Gaza et jusqu'à Lexha du côté de Sedom, Ghamora, Adma, Çeboim, Lescha.

v 20. Telles sont les générations de H'am selon leur race et leur progression.

v 21. Les Bené-Shem, les frères du splendide Iaphet furent:

v 22. *Elam,* Suzian ou Elimaïs grec, entre le Tigre et la Perse.

Assur, Assyrie.

Arpha Kasd (Limitrophe du Kaldéen).

Lud (peuple de Lot, Ægyptiens).

v 23. *Aram* (Syrie méridionale).

Les Bene Aram furent:

Usts (au nord des D'om).

Hul (sur le lac Méroé).

Gueter (Huree).

Maech (Mezene).

v 24. *Arphakazd* engendra Schélasch qui alla vers l'occident et *Schélasch* engendra Héber au delà de l'Euphrate, hébreu.

Héber engendra Peleg (division).

Son frère s'appelait *Iokthan* (canton au nord de l'Yémen.

v 25. Iokthan engendra :

Almodad (partie du Hedjaz).

Scheleph (Salapeni grec).

Hatsarmaveth (Schatramotites).

Ierak (Aliléens).

v 27. *Hadoram* (Adramites).

Uzal (canton de Yémen).

Dikla (pays de palmier).

v 28. *Obal* (Gebanitae de Pline, à l'O. de l'Aouzal).

Abimael (canton de Mahrah, Mali).

Séba (Sabéen, Arabie heureuse).

v 29. *Ophir* (Yémen).

Havila (Yémen, à l'orient de Aden).

Yobab (Yobar, Arabie méridionale).

v 30. Telle fut la distribution des peuples sur la terre depuis l'homme évolué jusqu'à la forme sociale et civilisée.

v 31. Tels les peuples de Sehm suivant leur race et leur succession, leur lieu et leur tendance.

§ 4. — *Classification anthropologique.*

L'anthropologie fournit une nomenclature puérile, comme des sauvages la concevraient; elle divise les hommes en blancs, jaunes et noirs. Cette ineptie, digne d'un planteur, ne devrait pas sortir de la conversation courante. La coloration du pigment change avec le climat ; le simple passage du midi au nord suffit à pâlir le visage en quelques générations.

Les désignations de formes valent mieux que celles de couleur : le prognathisme ou avancement de la mâchoire supérieure est bien un stigmate de race.

Quant aux désignations de source géographique, elles ont le tort de donner à chaque type un point de départ sans aucune historicité.

Qu'est-ce que c'est que la race boréale? Celle qui est intermédiaire entre les blancs et les jaunes !

La race Altaïque comprend les Japonais et les Lapons !

Voulez-vous être informé sur la race malayo-polynésienne ? Elle participe à la fois du type nègre, du mongolique et du blanc !

On est arrivé à décrire dix familles humaines avec cette précision.

La classification linguistique seule présente de la sûreté pour l'étude de l'homme civilisé, penseur et artiste ; l'humanité se divise par ses œuvres et se classe suivant leur date.

C'est en Afrique qu'elle apparaît d'abord sous les traits de l'Égypte et d'une race particulière, rouge (?) Atlante (?), en tout cas différente des autres et antérieure à toutes.

L'Égyptien n'est ni mongol, ni sémite, ni arya.

Le second acte de la civilisation se passe en Kaldée, ayant pour protagoniste un élément jaune (?) mongolique (?) touranien (?) et pour écriture le système cunéiforme, visiblement apparenté aux caractères chinois.

Le troisième acte a lieu encore en Kaldée, l'élément sémitique se mêle à l'élément touranien et forme l'Assyrie. C'est la première civilisation sémitique. La Phénicie sera la seconde, la Judée la troisième, l'Arabie musulmane la dernière.

Au quatrième acte, la race Arya (Inde et Perse) se montre et entre en contact avec les éléments sémitiques et touraniens.

§ 5. — *Incertitude de l'histoire primitive.*

Notre grand siècle ne connaissait l'Orient que d'après la Bible, Hérodote et Diodore; il confondait même l'œuvre de Rome avec celle d'Athènes.

Il n'y a pas longtemps que nous distinguons la beauté hellénique de l'imitation italique.

Winckelmann, admirable en 1764, n'est plus qu'un précurseur, aujourd'hui.

C'est la France qui a découvert l'Égypte : l'expédition de Bonaparte donna lieu à une publication splendide, et Champollion devina l'énigme du hiéroglyphe.

Botta et Layard retrouvèrent Ninive et l'Assyrie.

C'est encore la France qui, avec M. Renan, a le mieux étudié la Phénicie.

Enfin, le fameux mot du prêtre Svaïte à Solon : « O Grecs vous n'êtes que des enfants », ne prend son sens que des nouvelles découvertes qui ont ressuscité l'histoire et l'art de la Méditerranée.

Traçant une ligne partant de Memphis, joignant le delta du Nil et de l'Euphrate, englobant l'Asie Mineure et revenant par la Phénicie sur les îles, le lecteur se demandera pourquoi on laisse de côté la Haute Asie, la civilisation du Gange et celle du fleuve Jaune, puisque les Ioniens sont fils des Yavanas, que Ahana (l'aurore) fut le premier nom d'Athena ; et que l'identité des trigrommes de Fohi avec les cunéiformes, et celle des races kaldéennes et touraniennes ne font plus de doute.

D'abord, les rapports de guerre et de commerce entre la Haute Asie et l'Asie Mineure n'ont pas été établis avec sûreté. L'histoire actuellement touche à l'Inde comme a fait Alexandre, mais ne la conquiert pas non plus. Nous savons que certains hymnes du Veda remontent au quatorzième siècle avant J.-C., mais nous ne connaissons pas de monuments de cette antiquité. La Chine, pays fermé et sans contact, se développa par sa propre force, sans expansion.

Peut-être, dans un siècle, à force de déchiffrements et de fouilles, trouvera-t-on la place exacte des Hindous et des Chinois dans l'histoire de l'art : actuellement on aligne des hypothèses sans preuves ; on expose un système plus ou moins probable et non le constat de l'expérience.

Il se produit dans les études historiques un phénomène singulier. Tant qu'on ne possède que des notions générales, elles satisfont par une espèce de précision apparente : le manuel, en isolant les races par ses chapitres, leur donne une physionomie saillante et soulageante pour la mémoire.

Dès que le document se multiplie, l'incertitude se lève à chaque pas. Et d'abord ni la nomenclature biblique ni même les divisions anthropologiques n'offrent de sûreté. Appeler les Égyptiens des Koushites, c'est dire ce qu'ils ne sont pas, et non ce qu'ils sont : de même pour les touraniens qui forment la première couche de la civilisation kaldéenne.

M. Halévy a protesté notamment contre la

consanguinité des Israélites et des Phéniciens, que la langue et le génie apparentent doublement, physiquement et moralement. Un auteur doit prendre parti, dans le cas de certitude; autrement il s'abstiendra. On peut se tromper, on ne doit pas tromper.

Le défaut du livre scolaire inhérent à sa destination, c'est d'offrir à la mémoire des assertions de fantaisie et des tableaux isolés : les civilisations se présentent comme les fresques de Chenavard, en groupements synthétiques, absolument faux.

La chaîne de l'évolution, que l'anneau soit de fer ou d'or pur, ne s'interrompt pas, au gré de la composition livresque. Qui expliquera comment Paris, le Paris de la Tour Eiffel et de l'aumobilisme ait pour armes la barque d'Isis, la barque d'Abydos, et que l'aigle à deux têtes de Russie provienne d'une sculpture hétéenne ?

PREMIÈRE PARTIE

L'ÉGYPTE

CHAPITRE PREMIER

GÉNÉRALITÉS

§ 1. — *Le pays.*

« L'Égypte est un don du Nil, » dit Hérodote, le plus ancien voyageur de cette contrée ; et Maspero : « l'Égypte n'est qu'une bande de terre végétale tendue à travers le désert, une oasis allongée au bord du fleuve ».

Primitivement, la Méditerranée baignait le plateau sablonneux où se dresse le Sphinx ; l'embouchure du Nil se trouvait au nord de Memphis. Le golfe se combla graduellement avec la terre charriée des monts abyssins, en formant des marais comme ceux du delta du

Rhône. Au temps historique, le fleuve se jette à la mer par trois branches, pélusiaque, sebénnytique et canopique et forme jusqu'à quatorze bouches (Pline).

Le fleuve est tout dans ce pays d'une seule vallée qu'il inonde, tous les ans, par ses crues. Sous le nom d'Hapi il était dieu. On dit à Hérodote que le pays était encore sous les eaux, à la première dynastie. Nulle part la géographie n'a aussi profondément déterminé la pensée d'une race, isolée par la mer et les déserts. La Basse Égypte comprend le Delta et la Haute s'étend jusqu'à la première cataracte.

La couronne blanche (midi) et la rouge (nord) forment le pschent du pharaon.

Le paysage égyptien a deux aspects : grandiose et serein là où passe la majesté vivifiante du Nil ; morne et fataliste dès qu'on ne voit que la terre, c'est-à-dire le désert.

La coloration du sol étonne ; à l'œil, c'est moins de la terre que de la cendre. Cette contrée qui nous a légué surtout ses nécropoles semble sablée de ses propres ossements ; on dirait un poudroiement de momie.

La sérénité du ciel, la sécheresse de l'air, l'absence de pluie font de ce pays un séjour enchanteur.

§ 2. — *La Race.*

On a abandonné l'opinion d'une origine éthiopienne. La civilisation a visiblement remonté le cours du fleuve.

H'am (Cham) généra Kusch (Kouschites), Misraïm (Égypte) Puth (Fut, Pount) et Kanaan (Phéniciens).

Ils vinrent d'Asie par l'isthme de Suez, à moins d'admettre l'hypothèse Atlante. Mais ils vinrent avec une religion formée et un art complet, ces Shesou-Hor (serviteurs d'Horus) qui refoulèrent une race noire, au delà des cataractes.

De quelque nom qu'on les nomme, Atlantes ou Protosémites, les Égyptiens sont les aînés de l'humanité civilisée, par le développement de leur doctrine, la beauté de leurs œuvres, la certitude des dates et esthétiquement par la création des types architectoniques les plus généraux et une réalisation très noble de la forme humaine.

« Les Grecs, dit Renan, guidés en cela par une juste vue de l'antiquité de la monarchie des bords du Nil, aimaient à s'attribuer une origine égyptienne et trouvaient en cette origine prétendue un titre de noblesse (Cécrops, Danaüs). »

§ 3. — *Les Idées.*

La religion égyptienne serait plutôt que la judaïque le prototype du catholicisme : unité de Dieu comme essence et triplicité de personnes ; immortalité de l'âme, purgatoire, paradis et enfer, angélologie. Ce qu'on appelle la confession négative traduit l'idée exacte du sacrement chrétien de la pénitence.

A l'inverse de l'hébreu qui s'est spiritualisé par la succession des contacts, le verbe du Nil est allé s'obscurcissant. Le temple du Sphinx sans aucun signe, sans même un hiéroglyphe correspond à la notion la plus abstraite. Était-ce un temple public ou un lieu d'initiation ?

Pour restituer une antique doctrine, il faut évoquer simultanément la pensée de l'initié et l'habitude dévotieuse. Une époque spirituelle tient, à la fois ; à sa philosophie et à ses superstitions : car il y eut toujours des initiés et des ingénus dans le même système. L'idée de montrer aux hommes le dieu sous forme animale est une conception profondément réfléchie.

L'instinct de la bête présente moins de scandaleuses surprises que la perversité de l'homme, et le crocodile que les prêtres exhibèrent à Clément d'Alexandrie ne valait-il pas dans son horreur limitée, telle figure de mauvais pontife ?

A la naissance, *Bâ* (l'âme) se vêt de *Niwou* (corps fluidique), il est à *Khat* (l'organisme) ce que la vapeur est à une machine. *Khou* (l'esprit) s'involue dans *Bâ* (l'âme). C'est la plus ancienne idée sur la constitution de l'homme. *Niwou* est une âme par rapport à *Khat*, et un corps par rapport à *Khou*.

A la mort, Khat devient immobile et glacé, Niwou le quitte mais reste sur la terre; l'esprit Khou réintègre la sphère spirituelle. Quant à Bâ, allégée du poids du Khat, mais privée aussi des lumières de Khou, elle arrive en jugement particulier.

« O cœur, cœur qui me vient de ma mère, mon cœur de quand j'étais sur terre, ne lutte pas contre moi, en chef divin ; ne me charge pas devant le Dieu grand. »

Absoute on condamnée, Khou (l'esprit) revenait comme compagnon et bon ange, ou comme démon et punisseur; il exécutait la sentence, élection ou damnation. Le plus souvent il présidait à une série d'épreuves identiques à l'état de purgatoire.

Les phases du devenir (oushabti) « je sors en épervier, en bennov » ne signifient pas des métempsycoses, mais des degrés d'évolution ; le juste s'appelle un Osiris, l'élu un Horus : il s'identifie avec le dieu qu'il a servi.

Les Dieux se divisent en solaires : Ka, Amon, Aten ; funéraires : Anubis, Osiris, Isis, Nepthys, Pthah ; élémentaires : Set (terre), Nout (ciel), Api (Nil).

Le Panthéon égyptien comprend beaucoup de types. Le Dieu (Nuter) est représenté souvent par un animal. Le scarabée de Phtah tour à tour ver, chrysalide et papillon, allégorise l'évolution. Il se subdivise selon les fonctions et selon les lieux : « le Dieu, quand il passe de puissance en acte s'appelle *Ammon* ; comme suprême intelligence il se nomme *Imhotep* ; *Phtath*, s'il réalise avec art et vérité, et *Osiris*, quand il fait grâce ».

Une page de la mythologie du Nil est nécessaire à la compréhension des monuments.

Osiris épousa sa sœur Isis, dans le sein de sa mère Nouit. Tandis que l'Orphée du Nil civilisait, sa sœur se trouva régente. Set Tiphon, dans un festin, offrit un coffre magnifique à qui saurait s'y placer. Osiris ne se méfia pas ; on rabattit le couvercle ; et le coffre, renfermant le Dieu, fut jeté au Nil. Isis, enceinte d'Horus, retrouva le coffre à l'ombre d'un acacia, mais Set Typhon découpa le cadavre en quatorze morceaux et les dispersa ; Isis les rassembla. Après une lutte entre Horus et Typhon, Thot par une sentence rendit au fils d'Osiris le pays du Delta jusqu'à la première cataracte. Pour reconstituer le corps d'Osiris, Anubis inventa l'art d'embaumer : et ce fut la première momie.

Pour ressusciter Osiris, ils firent une statue, « ils firent le geste d'ouvrir les yeux, de donner les souples », et l'âme d'Osiris se réincarna. « Il refusa les fonctions de Dieu de vie et se fit Dieu du devenir, ordonnant à son épouse-sœur Isis, à son fils Horus, à Anubis et à Thot de faire pour ses fidèles ce qu'ils avaient fait pour lui, de l'embaumer et de le ressusciter. »

Le Dieu a deux formes : l'une humaine et alors il se distingue par ses attributs, l'autre animale et conventionnelle. L'ibis est Thot, le scarabée Phtah, l'épervier Horus, le chacal Anubis ; Sebeck le crocodile, Mout une chatte, la lionne Sekket, la vache Hathor; l'oie Amon, le milan Khonsou, le bœuf Ra; le bélier, Osiris. Mais on trouve Thot en singe, Osiris en vanneau.

On ne peut suivre les divinités sous toutes leurs formes : Sebou et Nouit, le ciel et la terre, celui-ci étendu sous celle-là ou bien un jars et la déesse chatte ; ou la génisse Hathor et un taureau?

La hiérarchie sociale si rigoureuse se reproduit dans une gradation indéfinie de sous-divinités, Maskhonît la marraine et Raninit qui donne le nom, se tiennent près du berceau. Le livre des morts mentionne des officiers divins d'une fonction très limitée et des génies assistants dans le rôle des cynocéphales qui avaient pour office de saluer le lever et le coucher du soleil.

Le mythe solaire domine et son mouvement d'orient en occident figure la vie et la mort : mais chaque région et presque chaque temple avait son dieu : Phtah à Memphis, Amon à Thebes, Hathor à Denderah, Anhouri à Tinis étaient des Dieux féodaux quoique proclamés suzerains dans le rituel. Il y avait égalité entre déesses et dieux. On pourrait distinguer les dieux célestes, les dieux terrestres, les infernaux et les dieux-Nil. Le dieu prit femme et eut un fils ou bien la déesse prit un dieu consort et eut un dieu-fils : il existe des triades à deux déesses. Chaque nome possédait la momie de son dieu qui habitait plusieurs sanctuaires en divisant son double et s'incarnant sous forme animale.

La vieille idée lycanthropique, le loup garou, vient d'Égypte : les dieux marquaient les bêtes qu'ils devaient animer. Le bœuf Apis était l'âme d'Osiris et la résurrection de Phtah.

La mélancolie empreinte sur les faces de la statuaire et que la Grèce donnera à ses héros depuis le Thésée d'Olympie jusqu'aux figures d'Alexandre se trouve dans la tradition religieuse. Ra, à l'origine, voyant la terre nue et déserte pleura : les hommes naquirent de ses larmes. La larme divine est le germe de la vie.

L'Égyptien était plus que pieux, dévot et surtout soigneux de son devenir : aucune race n'a aussi constamment pensé au lendemain de la mort.

La vache Hathor devait élever l'osirien à la région sereine ; là, Thot le transportait sur une barque fée et l'âme entrait dans la salle de vérité. Osiris vert en maillot et mitres blancs siège entre Isis et Nephthys. Là se place la fameuse confession négative et la *psychostasis* a lieu. Horus et Anubis mettent dans un plateau l'image de la vérité, dans l'autre le cœur du postulant ; si la balance demeure immobile, on rend son cœur au défunt et il habite l'île osirienne, combattant les Typhons et travaillant. C'est pour ce travail posthume que l'on mettait dans le cercueil des statuettes qui, animées par leur maître, devaient accomplir les corvées de l'autre monde.

Dans toute théocratie la maladie passe pour une possession : nos microbes ont succédé aux invisibles. Le Sa (ambroisie grecque, pomme de Freia) forme un lac qui abreuve les immortels. Le Dieu transfuse le Sa à son fidèle accroupi entre ses jambes en lui faisant des passes sur l'occiput. Le mystère est l'atmosphère même de l'esprit égyptien; le scribe s'appelle maître des secrets et aussi l'officier de cour « maître des secrets de la parole royale ».

Si nous ne savions pas la conception égyptienne du devenir, ses monuments resteraient incompréhensibles.

La momie n'est pas un mort. Il faut, par un effort mental, considérer la tombe (pyramide ou mastaba) comme habitée et concevoir une vie posthume du double et aussi l'utilité des statues comme supports du double, comme formes de refuge pour lui. Alors s'éclairent l'importance extraordinaire des sépultures et la colossalité des icones pharaoniques. Dans une civilisation qui croit à une survie fantomatique où tout défunt est revenant, le roi et le riche assurent leur avenir, avec le plus grand effort de luxe et de sécurité. La pyramide avec ses faux couloirs destinés à dépister les sacrilèges n'est plus un défi d'orgueil, mais l'amplification royale d'une croyance.

L'Égypte avait donc deux populations : une organique et l'autre fluidique, conception vraiment sans analogue. L'âme, vivant à côté du corps, a les mêmes besoins et attend les mêmes satisfactions, et comme la forme du corps peut en tenir lieu, l'image des objets les remplace dans la vie posthume. Le signe équivaut à l'objet, pour le désincarné.

Au livre des Morts « Dieu apparut dans le Nout et dit au soleil : « Viens à nous ».

« L'Égyptien surpasse tous les hommes dans le culte qu'ils rendent aux dieux » et par conséquence ce fut le plus soumis des peuples. On aurait tort de croire qu'ils différassent extrêmement de nous.

Thot donne l'éternel repos aux âmes dans l'Amenti et fait briller, sur elles, la lumière qui ne s'éteint pas : « ô Ra, nous te prions aujourd'hui pour l'âme de ton serviteur que tu as enlevée à ce monde.

« Ne la livre pas aux mains de l'ennemi, mais ordonne à Anubis et aux deux nourrices de la prendre entre leurs mains spirituelles et de la porter dans le paradis qui est sa vraie patrie .»

Est-ce égyptien ? Est-ce chrétien ? on retrouverait aisément nos sacrements chez les Égyptiens et particulièrement le baptême, la confirmation, l'extrême-onction et la dévotion aux âmes du Purgatoire, la plus mystérieusement puissante de toutes.

Si l'âme humaine ne survit que par la durée de sa momie ou de son corps artificiel, la statue, le Dieu ne se meut à l'aise sur cette terre qu'au moyen d'un corps organique, d'un double.

Selon ce vieil axiome des initiations, « l'esprit se devêt pour monter et se revêt pour descendre ». Le Dieu lui-même ne pénétrerait pas dans le monde sensible, sans se plier à ses lois et voilà pourquoi Horus a une tête d'épervier, Anubis une de chacal, et Thot une d'ibis.

L'Égyptien n'adorait pas plus les animaux que nous n'adorons la colombe, l'agneau, le pélican, le bœuf, l'aigle et le lion : mais ils saluaient dans la lionne Sekhet et dans le bœuf les formes choisies par chaque divinité, pour son incarnation.

On nous a persuadé que l'humanité avait attendu Moïse pour concevoir noblement la divinité ; le livre juif, qui représentait le passé oriental jusqu'à ces dernières années, calomnie délibérément le génie universel et ses Dieux pour s'exalter lui-même et Iaveh.

Le premier soin de l'étudiant en archéologie orientale sera de réagir contre une tradition fausse et qui déshonore d'admirables races. Il n'y a aucune raison pour croire à l'élection d'un peuple entre tous, par une partialité divine.

§ 4. — *La Société.*

Menes (Ména) substitua la monarchie à la théocratie et cet empire jusqu'à Nectanbo, avec ses trente dynasties, offre quatre mille ans d'annales.

Ancien Empire (I-XI), Moyen Empire (XI à l'invasion), Nouvel Empire des Hycsos aux Perses. Maspero divise excellemment selon la suprématie des villes, en période memphite (I-X), thébaine (XI-XX), saïte (XX-XXXI).

Mariette place Ména au cinquantième siècle avant J.-C. L'apogée politique se produit sous Thoutmes III.

Il faut retenir l'an 980 où Salomon régnait à Jérusalem et Scheskonk, sur le Nil.

Le droit divin du pharaon est légitime. Ra l'engendre et un double spécial, un double pharaonesque s'éveille à son avénement. Sur les bas-reliefs, Isis lui donne le sein. La reine est déesse. Le pharaon célèbre le culte de ses ancêtres.

Aucune monnaie ; on paie tout en nature, et, pour la rentrée de l'impôt, on bâtonne et on mutile. Les professions sont héréditaires et les métiers forment des castes. Le soldat pendant la paix redevenait cultivateur.

Les prisonniers de guerre ont rarement suffi aux travaux, la corvée y suppléait par une levée brusque ; cela explique la remarque de Mariette : « Les temples pharaoniques sont, en général, bâtis avec une négligence extrême. »

Le bon plaisir royal s'élève au-dessus de toute autre considération autant que les colosses d'Amenopbis au-dessus de la plaine, mais l'histoire nous apprend que les délégations du pouvoir absolu se manifestent avec le même absolutisme.

Pas de caste : Amasis vint d'en bas au trône: Ahmès, chef des nautoniers, fut simple soldat (XVIII).

On se trompe en voyant le pharaon comme tout-puissant et surtout plus puissant que le sacerdoce. Sans doute, il est plus que pape, consort des dieux, et sa statue seule s'érige devant le temple. Cet excès d'honneur me fait croire à une dépendance bien étroite : en abandonnant l'affirmation extérieure, les prêtres gardèrent la réalité du pouvoir ; conduite d'une habileté transcendantale.

Défendons-nous de croire que le penseur d'autrefois fut inférieur à l'artiste et que les grands ouvrages ne soient pas nés d'une grande idée. Combien de traits de l'actualité défient la raison et l'idéalité à la fois ! Faisons crédit à ces vieilles civilisations dont nous ne possédons que les formules officielles. Le livre des morts n'est qu'un office obituaire, un recueil d'oraisons et les colosses de la plaine de Thèbes tirent leur origine de la croyance.

La théocratie du Nil faisait du pharaon un fils des dieux et même un dieu après sa mort.

A Gournali, Ramses Ier reçoit les offrandes de son petit-fils Ramses II.

L'épervier à tête humaine volant vers la momie en lui apportant la croix ansée : quel emblème de spiritualité et qui résume toute notre idéalité.

La course du soleil prise pour type de l'existence et l'homme mourant identifié à Ra, disparaissant à travers la montagne, est une noble conception. Comme on voyage sur le fleuve dans un pays qui n'est qu'un rivage, la barque sera la forme du devenir ! La damnation pour l'Égyptien c'était l'anéantissement, la gueule d'hippopotame de Sinou : mais le purgatoire n'était pas facilement évitable. Dans le Kerneter, l'Osirien devait franchir quinze pylones gardés par des monstres.

Le papyrus Harris reproduit sans doute un vieux livre attribué à Thot lui-même et il montre que le fidèle s'identifie sans cesse aux dieux pour échapper aux embûches ou plutôt aux épreuves.

Malgré sa préoccupation du devenir, le peuple égyptien ne fut jamais triste. Il s'agitait deux fois l'an sous le bâton des huissiers levant l'impôt et le 17 du mois de Thot, au jour des morts.

Un Ramsès III donne cent mille prisonniers de guerre aux temples, mais le fellah était corvéable pour le service monumental comme pour l'armée : on recrutait pour bâtir comme pour guerroyer.

Le plus ancien des monuments humains est une tombe, c'est là qu'on a retrouvé intactes les premières statues et les fresques primitives.

A Medinet Abou, un texte donne à la femme la liberté de sortir et de se parer à son gré. « L'amitié entre époux est exprimée dans les inscriptions de façon fort touchante. » (MARIETTE.)

L'Égypte a été calomniée par toute notre ère. Virgile, un initié pourtant, se moque de l'aboyeur Anubis, Juvénal s'écrie : « O sainte nation dont les dieux naissent dans les jardins » et Cicéron pour justifier la vallée du Nil prétend qu'elle n'a divinisé que des bêtes utiles ! L'Égypte très fétide, dira le père de l'Église.

§ 5. — *Les Dates.*

En cette année, Sa Majesté Houni mourut. Sa Majesté Snofrovi s'éleva, bienfaisante (Papyrus Prisse). Selon Maspero, cette année est 4.100, trente-huit ans après la création de l'homme, d'après l'histoire de Victor Duruy.

Le tumulus de Snofrovi est cette pyramide de Meïdoun semblable à une zigurrat.

Un fonctionnaire de la cinquième dynastie s'intitule scribe de la maison des livres.

L'hégémonie de Thèbes fit l'unité de l'Égypte en absorbant les dynasties locales, sous Monthotpou.

Amenemhahit, père d'Antouf, distribua l'eau suivant l'ancien cadastre : son palais était vers Darchour : « mon labour alla jusqu'à Elephantis, ma protection jusqu'au Delta; j'ai rassassié tout le monde, je suis un roi aimé ». Ousirtasen fut associé à l'Empire. Les deux siècles de la douzième dynastie furent heureux, mais survinrent les Shaousou (Hycksos) qui s'installèrent vers Memphis luttant avec des chars contre les barons de Thèbes. En ce temps, les Bene-Israël s'établirent en Égypte : Ahmosis vainquit les Hycksos du Delta et les employa à relever les ruines qu'ils avaient faites. Ce fut l'ère des grandes constructions. Toutmes mena ses armées en Asie : l'Éthiopie s'égyptianisa, mais la civilisation assyrienne régna encore en Syrie.

Amenoteph adopta le culte populaire d'Atonou, il dérogea en épousant une certaine Tii et fit marteler les cartouches d'Amon. L'hérésie royale ébranla la dynastie.

A Tell-el-Armana, on voit Nofriti sur les genoux de Khoumatonou.

Seti s'illustra à Abydos. Ramses II régna un demi-siècle. Thèbes, Louqsor, Ipsamboul témoigent de son génie : il fut le Louis XIV de l'Égypte. L'exode d'Israël eut lieu sous Menephtah. Sous Ramses III, on construit à Medinet Abou. Puis, tour à tour, l'Éthiopie prit l'Égypte et l'Égypte reprit l'Éthiopie.

A l'époque Tanite, les Lybiens comme mercenaires pesaient lourdement. Thèbes saccagée par Assour-Akiddin, reprise par Assourbanhabal florit un instant avec Psammecteck qui attira des Ioniens : premier contact entre la Grèce et l'Égypte.

Kambyses écrasa le pays du Nil.

PÉRIODE MEMPHITE OU DES TOMBES
5000 *à* 2500

Tombeau de Menes à Kakadé : ses successeurs à Abydos. Pyramides Zigurrat de Sakara : pyramides de Memphis.

PÉRIODE THÉBAINE OU DES TEMPLES
2500 *à* 1800

Thoutmes, Amenophis, Seti et Ramsès.

NOUVEL EMPIRE
1800 *à* 950

Monuments à Karnak et Louqsor. Les Ramesséides

PÉRIODE SAÏTE
93o *à* 338

Psammetik, Amasis, conquête persane.

PÉRIODE PTOLÉMAÏQUE
332 *à* 31 *après J.-C.*

Denderah — Edfou — Esné.

§ 6. — *Les Formes*

La *Pyramide*, le *mastaba*, le *speos* : tombes.

L'*obélisque* (tenant du mene-hir et de la stèle).

Plan monumental, rectangle et développement en profondeur.

Élévation, murs inclinés en talus; toit plat.

Supports, piliers carrés sans base et osiriaques, c'est-à-dire flanqués d'une statue d'Osiris.

Chapiteau, palmiforme, lotiforme, campaniforme, hatorique (à la tête de vache).

Pylone, porte triomphale entre deux tours.

Propylone, portique isolé en avant du pylone.

§ 7. — *Le hiéroglyphe.*

Le hiéroglyphe a influencé l'art qui a cherché et adopté un dessin synthétique et par conséquent poncif, analogue à l'écriture.

Nous écrivons phonétiquement ou musicalement les sons, les anciens Égyptiens écrivaient idéographiquement ou en rébus.

Ainsi un croissant dit « lune », ou « nuit », ou « femme », ou « mois ». Très tôt la convention fournit un blason aux idées, guêpe signifie « roi » sans qu'on saisisse bien l'analogie. Plus tard la forme se simplifia jusqu'au schématisme du caractère et s'inspira de la prononciation. Il y eut rébus plonétique.

On sait que le sens des hiéroglyphes et leur valeur comme son, doit sa découverte à François Champollion ; il lut les noms de Bérénice et de Cléopâtre sur les cartouches et étudiant les noms de l'époque ptolémaïque il publia en 1820 son précis du *système hiéroglyphique*.

L'égyptologue passe de Memphis à Abydos ville où on gardait la tombe d'Osiris et où le soleil disparaissait chaque soir ; et de là, à Thèbes. En y ajoutant Ipsamboul, comme exemplaire du speos, on a tous les types monumentaux et de la statuaire colossale.

CHAPITRE

ARCHITECTURE

§ 1. — *Le Temple.*

Le temple égyptien ne s'élève pas, il s'étend, il s'élargit derrière le pylone, c'est une architecture trapue, courte, d'une robustesse incomparable, on peut dire aussi que c'est une architecture de plaine.

L'architrave avec ses supports constitue la porte, le portique et pour ainsi dire l'édifice à toit plat.

Lotiforme ou campaniforme la colonne paraît courte, elle étonne et ne charme pas, plus étrange que belle, plus solide que noble.

Le module grec qui détermine les proportions respectives des parties, et qui a pour canon le diamètre de la colonne, n'existe pas en Égypte.

La maison divine se compose d'une partie céleste, le sanctuaire, chambre rectangulaire où ne pénètrent que les prêtres et le pharaon et renfermant une arche ou une barque. Devant ce saint des saints, s'élève une salle hypostyle, souvent précédée d'une cour à portiques, avec pylone et obélisques.

A vol d'oiseau, l'horizontale prédomine, non seulement parce que le monument se développe en profondeur, mais parce que son faîte plat paraît d'autant plus bas, à côté du pylone. Le plus beau des temples de Thèbes a tous les caractères de l'hypogée. Strabon a donné une bonne description du temple égyptien. Une voie dallée (*dromos* grec) menait au temple. Le dromos de Louqsor à Karnack avait une demi-lieue. Une enceinte forme le temple où on entre par le pylone ou porte monumentale, encadrée de deux tours carrées.

A Karnack, le temple de Mouth a trois avant-pylones avant celui de l'enceinte, qui sont analogues de destination à l'arc triomphal et destinés à augmenter l'impression du fidèle par un rappel décoratif de la dignité du lieu.

Le plus grand pylone, celui de Karnack, ptolémaïque, a 44 mètres.

Près de chaque temple, un lac compris dans l'enceinte servait aux cérémonies.

Le circuit de Karnack enserre les ruines de onze temples dans ses quatre enceintes dont la salle hypostyle est le chef-d'œuvre : 134 colonnes de 10 mètres de diamètre (colonne Vendôme) sur 21 de haut.

Après le grand temple de Karnack, celui de Louqsor; Mariette, dans ses planches, montre les constructions successives, de la XIIe aux Ptolémées.

En traversant le Nil, on trouve les temples funéraires de Gournah, Medinet-Abou, Ramesseum et, à un kilomètre de ce dernier, le temple des Toutmès et ceux de Ramsès III.

Le temple égyptien pourrait s'appeler une crypte, au ras du sol.

Esthétiquement, il exprime plus de certitude que d'espoir : l'inébranlable confiance du prêtre en ses dieux et du peuple en ses prêtres : c'est une architectonique de credo, de puissante affirmation. Il serait intéressant de le comparer, lui l'aîné des sanctuaires, avec notre cathédrale ogivale qui est certainement la forme suprême de la maison éternelle.

« L'immense largeur des bases est le trait caractéristique », dit Charles Blanc. Peut-être serait-il plus précis de dire que la prédominance d'une seule dimension produit un effet d'intensité. Idéalement, l'édifice manque d'une hauteur proportionnelle, vu de l'extérieur ; et intérieurement les supports, piliers du temple de granit ou colonnes hatoriques, augmentent encore l'impression d'un art trop trapu et ramassé sur lui-même, par leur robustesse que rien ne dissimule. Karnack a des linteaux de 8 mètres.

Selon Mariette, le temple égyptien n'est pas une église pour les fidèles, mais l'oratoire du pharaon.

La procession à travers les salles et autour des lacs semble avoir été un rite essentiel : le peuple n'a jamais dépassé la salle hypostyle qui est le vestibule du vrai temple.

Avec son enceinte qui le dérobe aux yeux et son développement horizontal, le sanctuaire ne se révèle que par le pylone. Comme aspect, c'est un rectangle aux murs inclinés en talus. La profondeur est la proportion dominante ; il n'est pas orienté.

De même qu'on martelait le cartouche des prédécesseurs pour y inscrire celui du pharaon régnant, on modernisait les anciens temples, en se servant des matériaux. Champollion a retrouvé à Ombos des fragments attribuables à Touthmès III. On a beaucoup reconstruit, en agrandissant, mais on conserva toujours le caractère traditionnel ; même sous les Césars, l'édifice égyptien garde, à l'aspect du moins, toute sa personnalité. L'exode nous montre les Hébreux forcés à faire des briques avec un mélange de paille et de limon.

Chaque fois que la pierre doit recevoir un enduit de stuc colorié, l'architecte ne soigne pas l'appareillage ; et c'est le cas pour l'Égypte. En outre, les pharaons exigèrent sans doute que les fondations fussent exécutées au plus vite. Nous savons que l'obélisque de la reine Hàtasou a été taillé, charrié et dressé en sept mois, depuis le commencement dans la montagne.

On associe trop volontiers le granit avec l'édifice égyptien. Le temple du Sphinx seul est en granit de Syene et couvert en albâtre ; à Karnack, il y a des salles appelées les appartements de granit, un linteau de 8 mètres : mais le calcaire et le grès règnent à Abydos.

Également on croit que la colonne monolithe primitive l'emporte, alors qu'elle se forme de tambours superposés, de véritables tranches de pierre, comme à Olympie.

Ce qui trompe le contemplateur des images, c'est qu'un enduit destiné à recevoir la couleur couvre la maçonnerie et fait disparaître les joints dans la plupart des cas.

L'Égyptien connut la voûte : plein cintre au Sérapeum, greniers du Ramesseum, mais elle ne lui représentait pas la solidité du linteau de pierre.

L'art religieux, en Orient, obéit à la croyance; il ne faut donc pas s'entêter à une critique esthétique sans base. Celui qui a ciselé la tête du sphinx, celle de Setti I ou de Ramsès pouvait faire un Zeus et un Apollon.

Si les dynasties d'Abydos dédient leurs vœux à Osiris et à Isis, si Phtah règne à Memphis, si Ammon n'apparaît pour ainsi dire qu'au moment de l'hégomonie thébaine, enfin si Horus et Hathor sont privilégiés à l'époque ptolémaïque, ces mouvements de la foi ne changent rien aux formes employées. Il n'y a pas ici trois styles, comme chez nous : roman, ogival et Renaissance : et sauf le temple du Sphinx, unique en son aspect, les autres sanctuaires sont semblables d'Abydos à Thèbes et de Memphis à Philæ.

Le second empire thébain remplit de ses œuvres Abydos, Karnach et Louqsor (XVIII et XXIX). Thèbes possède les plus beaux sanctuaires.

De la période Saïte, nous avons les descriptions d'Hérodote. Le passage du second empire aux Ptolémées est rempli par l'hégémonie persane qui imita l'art Saïte.

Sauf le temple de granit, les sanctuaires qui nous sont parvenus ont été remaniés ou reconstruits à peu près sur le plan primitif. L'architecte ptolémaïque, s'il multiplie les chapelles et les couloirs, ne change rien à la disposition monumentale. Pour agrandir un édifice, on y ajoutait des pylones ou des salles hypostyles.

En regardant les images des temples du Nil, dont les dalles plafonnantes sont presque partout tombées, il faut se souvenir que la pénombre emplissait l'hypostyle et que l'ombre allait en s'épaississant, à mesure qu'on avançait vers le sanctuaire. Les rites processionnels avaient lieu sous les portiques, autour des lacs sacrés, mais les ténèbres gardaient l'intérieur qui eut toujours un caractère de crypte.

Techniquement, à la grande pyramide, la galerie du caveau offre le meilleur travail, une preuve matérielle que la civilisation du Nil, ne pouvant pas être dite spontanée, fut importée toute formée.

Le classement chronologique est difficile. Ousartesen (XII, dy.) commença Karnack, on y travailla jusque sous les derniers Ptolémées, pendant trente siècles.

Le temple type s'annonçait par une avenue de sphinx. Le pylone, porte de l'Orient où le soleil se lève, sort de la montagne, figure par ses deux tours Isis et Nephthys élevant le disque.

Après les cours à portique venait le sanctuaire Ousekt et ses trois parties, la salle hypostyle ou propitiatoire, la salle des offrandes (Notep) ou offertoire, et la salle de la vivification (ousekht-kha.

D'après le temple de granit qui gardera sans doute à jamais son énigme, on pourrait induire par l'importance des tombes et leur antiquité que le culte des ancêtres fut la base de la religion primitive et que le sacerdoce, au début, n'eut pas l'importance qu'il prit plus tard. Ammon ouvre la liste des dynasties, à Thèbes.

Le temple du Sphinx, à quarante mètres sud du colosse, est, à cette heure, le plus ancien de l'univers. Son plan affecte la forme d'un tau à double barre avec diverses prolongations d'utilité. Découvert en 1835, déblayé intérieurement, sa façade reste encore sous le sable. Il s'ouvre par son toit dont les dalles d'albâtre sont brisées. Jamais la pierre dure n'a été polie et ajustée comme ici, avec un art de joaillier. La main-d'œuvre ne dépassera jamais ce résultat.

Dix piliers de 5 mètres sur 1 m. 40 de côté forment une nef de 17 mètres sur 9. A l'angle S.-O. du transept, il y a une chapelle à six niches. Au milieu du transept s'ouvre un corridor dont les murs ont 4 mètres d'épaisseur; le second transept plus étroit se termine, des deux côtés, par une chapelle carrée.

La paroi luit comme un miroir métallique,

sans un signe inscrit, sans autre forme que l'angle droit.

Cette nudité absolue impressionne fortement ; elle avertit qu'un pareil lieu réunissait les plus subtils d'une race. Les édificateurs étaient de vieux penseurs pour comprendre si bien le prix du silence de ces murs si lissés et polis qu'on s'y mire. Affranchis des cérémonies et des symboles, les Shesou-hor, en ne dédiant pas l'ouvrage, invoquèrent logiquement le Dieu sans nom.

Abydos, sanctuaire des dieux infernaux, s'adosse à la montagne avec sept nefs et deux salles hypostyles, 27 colonnes papyriformes en un espace de 52 sur 11, sept sanctuaires ou chapelles voûtées consacrées chacune à une divinité; 36 tableaux représentent les dévotions que devait accomplir le pharaon. Il y eut aussi là, un temple de granit rouge et noir.

En remontant le Nil, c'est le premier temple digne d'étude; collé au mont, il se développe en largeur; construit en calcaire de Tourah, il a perdu ses pylones, mais l'hypostyle, à 24 colonnes papyriformes, émerveille encore !

C'est dans l'aile sud qu'on a trouvé la célèbre liste qui, avec Manéthon et le papyrus de Turin, permit la chronologie des dynasties.

Abydos possédait un second temple, fondation

de Ramsès II, en granit rouge et noir et albâtre, mais les piliers osiriaques sont à bas.

L'Égyptien allait à Abydos, comme l'Arabe va à la Mecque, il dressait une stèle, point de repère pour le jour où il viendrait désincarné à ce port d'éternité, à ce lieu d'embarquement pour le devenir. On apportait les momies pour les faire bénir et on les ramenait à leur tombe.

La musique et la danse étaient interdites à Abydos.

Denderah, quoique ptolémaïque et d'un style grécisant, reproduit un plan de XIIe dynastie. Les décombres l'ont changé en hypogée, on y descend, au lieu d'y entrer. Le pronaos a 24 colonnes hathoriques. A la gorge de la façade s'étalent les ailes du disque : une inscription grecque indique qu'il fut inauguré sous Tibère, et sur les murs c'est l'empereur romain qui adore Hathor. L'hypostyle à chapiteaux palmifères surmontés de la tête d'Hathor reçoit la lumière par des jours spéciaux. Le pronaos montre vingt-quatre colonnes hathoriques.

Dédié à Hathor comme épouse d'Horus, la musique et la danse y étaient en honneur.

Sous le temple, quatorze cryptes à bas-reliefs peints sous Ptolémée XIII : extraordinaire exemple des traditions d'art se conservant à peu près intactes jusqu'à la plus basse époque, puisqu'ici c'est Tibère qui fait les offrandes.

La division de Desaix, accablée par la soif, lorsqu'elle aperçut les ruines de Thèbes, saisie d'admiration, se mit à battre des mains. « L'imagination qui, en Europe, s'élance bien au-dessus de nos portiques, s'arrête et retombe impuissante au pied des 140 colonnes de la salle de Karnack. Si j'en traçais une faible esquisse, je passerais pour un enthousiaste et peut-être même pour un fou. » (Champollion.) « Imaginez une forêt de tours : 140 colonnes égales en diamètre à la colonne Vendôme et la hauteur de notre obélisque, couvertes de bas-reliefs et de hiéroglyphes. » (Ampère.) « Il est impossible de rendre l'impression qu'on éprouve en pénétrant dans cette forêt de colonnes, entre ces grandes figures de dieux et de rois qui les couvrent » (Lepsius.)

La ville d'Ammon, la Thèbes de Ramsès, est la plus prestigieuse des ruines de l'univers. Nulle part, une telle affirmation religieuse ne s'est pareillement élevée en défi du temps. Athènes sera plus parfaite, la cathédrale plus sublime, Thèbes gardera, avec sa date, le caractère de sa puissance expressive.

Thèbes, c'est Louqsor sur une rive et Karnack sur l'autre. A droite le temple d'Ammon, à gauche la vallée des rois, le Ramesseum, les Colosses, Medinet Abou, la vallée des reines, Déir-el-Medinet. Comme si une volonté mystérieuse avait voulu résumer l'Égypte en un lieu, la nature y a prodigué ses charmes et l'art ses chefs-d'œuvre; fleuve et montagne, sable et verdure, tout concourt à faire de ce coin de terre la grande oasis monumentale.

Louqsor. — Le temple de la Triade, Ammon, Mout et Khonsou a 200 de long sur 50 de large. Une double rangée de sphinx et de béliers couchés le reliait à Karnack. On l'appelait « les trônes du monde ». Sethos rétablit le cartouche d'Ammon martelé sous Amenoteph IV. Ramsès Ier édifia le pronaos à colonne, le pylone, les obélisques et augmenta l'édifice de 60 mètres. Il s'étend le long du fleuve qui littéralement le vivifie. C'est Maspero qui l'a déblayé, retrouvant la trace d'un temple en brique de la XIIe.

Des six colosses, il en reste deux assis de 14 mètres.

Le pendant de l'obélisque de Paris, dresse son granit rose. La cour a eu 74 colonnes papyriformes.

Les murs de la seconde cour sont tombés, les colonnes et l'architrave restent debout.

Le naos a un couloir d'enceinte ruiné par Cambyse, relevé par Alexandre. La galerie du fond a six portes de chapelles très détériorées.

Karnack. — L'avenue des béliers, tenant entre

leurs pattes à plat la statuette du pharaon dédicataire, comprenait mille exemplaires espacés sur 2 kilomètres et reliait Louqsor à Karnack : une autre avenue allait au fleuve.

Le temple de Khonsou est le type achevé du nouvel empire ; on voit au pylone les rainures et les trous des grands mâts à banderolles.

Le grand temple, surnommé « les trônes du monde », a un pylone de 113 sur 43, ouvrage ptolémaïque. Les colonnes de la grande cour ne sont pas sculptées.

Enclavé, le petit temple de Setos avec 3 chapelles.

Ensuite une cour à piliers osiriaques; enfin la merveille de Karnack et de l'architecture du Nil, la salle hypostyle. Si l'impression d'éternité peut jaillir d'un ouvrage humain, c'est de celui-là. Art vraiment fabuleux, les 134 colonnes ont la grosseur de la Trajane. Au milieu 12 colonnes lotiformes font une nef centrale de 20 mètres de hauteur. Sur les côtés 122 colonnes forment seize nefs : le chapiteau a 3 mètres et le fût 10. Ces dimensions, si nulles sur le papier, en réalité, concourent à un effet magique. Dans ce dédale de ruines colossales on va, de pylone en pylone, avec un étonnement qui ne cesse pas.

De deux obélisques de Thoutmès, un dresse encore à 23 mètres son affirmation unitaire.

On traverse la salle à piliers à la campane renversée et on marche, comme sans fin, à travers ces débris jusqu'à la haute porte de Nectanébo. Au nord, un amas de pierres qui fut un temple de Mout et un sanctuaire de Phtah dégradé, ensablé. D'autres temples précipités par les tremblements de terre ou les invasions continuent ce Campo Santo indicible où les tombes sont des basiliques démesurées et les stèles des tours géantes.

Traversant le Nil à Luxor, on trouve le temple de Thoutmès III qui a été remanié jusqu'aux Antonins.

Le premier pylone n'a plus que deux colonnes. Au second, après une cour des Ptolomées, le sanctuaire entouré de portiques, sans trace d'hypostyle.

Les scènes sacrées commentent une théorie fluidique qui n'est pas expliquée au livre des Morts : vivification opérée par le roi et distribuée aux quatre points cardinaux, vivification de la momie, vivification du roi par l'image de Dieu. La transmission de la vie, selon la pensée égyptienne, attend son explicateur.

Medinet-Abou. — Après le pylone de 65 sur 22, une cour à piliers osiriaques. Le second pylone précède une cour à portique de 38 sur 40 avec colonnes lotiformes et piliers osiriaques : au delà de la seconde cour, des chambres. Ce sanctuaire a une grande importance pour sa décoration guerrière qui représente les Philistins et les Takkiou qu'on a voulu identifier aux Troyens. Une avenue reliait autrefois ce temple à la chapelle funéraire du grand Ramsès.

Ramésseum. — Strabon dit Memnonium ; Diodore, tombeau d'Osymandias. L'hiéroglyphe : tombe de Ramsès II, la basilique de son double.

Le pylone porte des reliefs de la victoire sur les Khetas célébrée dans le poème de Pentaour.

La seconde cour conserve un rang de piliers osiriaques, de 10 mètres, tenant le fléau et le crochet.

Ce Ramsès, dont la momie intimide au musée de Gizeh, régna soixante-sept ans et bâtit de toute part à Thèbes, à Abydos, à Memphis, il repeupla Tanis. La liste d'Ouady-Seboa lui attribue 111 fils et 51 filles.

L'Égypte est la seule terre qui nous montre en même temps les monuments d'un monarque et son corps avec la peau et les os.

Entre le Ramésseum et Medinet-Abou, une vallée montre le petit temple de Philometor, édicule à portique et pronaos avec sanctuaire accolé de chapelles : c'est restreint, mais charmant.

En suivant l'étroite vallée, on arrive à Deïr-el-

Bahari, à la tombe d'Hatasou, fille de Toutmès Ier et femme de Toutmès II. Ce fut Ammon qui féconda sa mère Ahmasi.

A sa mort Toutmès III, son frère, martela ses cartouches.

C'est ici que Maspero découvrit, en 1881, les sarcophages de la XVIIIe à la XVe dynastie.

Le temple de Deïr-el-Bahari, à Thèbes (XVIII) s'appuie à la chaîne lybique et semble l'escalader par une succession de cours et de terrasses qui rappelle le type monumental de la Kaldée. En le rapprochant de la pyramide de Saqqarat qui est une tour carrée à sept étages en retrait, on se trouve en face du grand problème de la simultanéité évolutive des deux deltas : chapelle funéraire plutôt que temple proprement dit.

Gournah. — La chapelle de Ramsès Ier se réduit à l'hypostyle avec des colonnes d'un galbe élégant.

Edfou. — C'est ici que Horus le bon vainquit Set le mauvais : le temple, commencé 237 avant J.-C., est le chef-d'œuvre des Ptolémées, il reproduit un plan de Thoutmès III et sa construction dura deux siècles de 237 à 57.

Le pylone colossal se présente avec une ampleur, une fierté, un style, d'autant plus étonnants que le dogme qu'il glorifiait n'avait plus un siècle à vivre.

La cour à ciel ouvert offre un portique de trente-deux colonnes lotifères et palmifères : la profusion du détail et l'affadissement du symbolisme se voit aux reliefs.

Par 14 paliers et 200 marches, on monte au sommet du pylone d'où la vue s'étend sur le Nil. L'hypostyle a 18 colonnes.

Le naos de la salle sacrée porte le cartouche de Nectanébo.

Kom-ombos. — La basilique regarde le fleuve; sauf les assises attribuées à la reine Hatasou, tout est ptolémaïque. Sebet le crocodile et Haroër, avatar d'Horus, se partagent le Temple qui est double avec deux sanctuaires ayant chacun son naos et ses chapelles. On retrouve ici l'impression de Dendérah.

Philæ constitue le premier îlot de la première cataracte ; elle a 400 mètres sur 150, et n'était jamais couverte par le limon du Nil. Aujourd'hui, des barrages établis pour forcer le rendement des cotonniers la submergent, à la honte de l'administration anglaise, car cette île est un des plus beaux lieux de l'univers ; l'art et la nature s'y exaltent l'un par l'autre !

Le temple de Nectanébo n'est antérieur à Alexandre que de trente années, il a encore son obélisque et ses quatorze colonnes hathoriques coiffées d'un dé en naos. Le grand temple d'Isis fondé par Ptolémée Philadelphe, a une colonnade qui longe le fleuve. Le pylone a 39 de large sur 18 de haut; le temple, commencé sous Cléopâtre, fut achevé sous Tibère.

De Philæ à la seconde cataracte on rencontre le temple de *Kababché* construit par Auguste sur des assises d'Amenophis II; celui de *Dakké* construit par le roi éthiopien Ergamène et surtout à *Ipsamboul*, le speos de Ramsès II, le chef-d'œuvre de la basse Égypte. La façade, de 36 sur 32, est flanquée de quatre colosses de 20 mètres. La gorge de la façade est surmontée de 22 cynocéphales. Le speos a 55 mètres de profondeur. L'hypostyle n'a que quatre piliers: la décoration est magnifique et d'une entière conservation.

§ 2. — *La tombe.*

L'origine de l'architecture funéraire se voit dans le tumulus, ce tertre artificiel accumulé sur l'endroit où le mort a été enseveli. Cela se pratique encore parmi les pasteurs et nomades. L'homme très civilisé s'occupe de sa tombe, le pharaon la commençait à son avénement; et à côté de sa tombe se groupaient celles de ses proches, de ses officiers et ainsi se formait une ville des morts.

La maison par excellence fut la maison du double : l'homme, à sa mort, disparaît comme le soleil à la fin du jour, mais il ne meurt pas, il entre dans une vie éternelle. Cela explique, dit M. Perrot, que les Achéens de Mycènes aient enseveli tant d'or et que les plus beaux vases grecs se soient trouvés dans les sépultures de l'Étrurie.

Pour l'ancien empire, Mariette n'a trouvé que des squelettes, mais ne disait-il pas, cet incantateur du Campo Santo égyptien, qu'il y avait des momies si bien cachées qu'on ne les découvrirait jamais.

On appelle du nom arabe de *mastaba* la tombe. Toujours quadrangulaire, orientée aux points cardinaux, ayant de 2 à 5 mètres de côté, elle se compose de deux pièces : la chapelle où vien nent les parents, et le caveau où repose la momie « appartement privé du double » muré et qu'il eût été sacrilège de franchir. On nomme serbab (en arabe, corridor) la pièce murée qui contenait les statues du mort.

Les mastabas étudiés par Mariette, au nombre de 142, s'étendent sur plus de mille années. Il faut considérer le mastaba comme la tombe privée : on y trouve de magnifiques bas-reliefs et des statues. Une pyramide indique toujours un grand nombre de mastabas : autour de la sépulture royale, tout un peuple a logé son double.

La tombe implique la stèle portant l'inscription funéraire ou la formule d'offrande. « Le premier venu répétant, en l'honneur du mort, la formule de l'offrande procurait au double les objets énumérés. » (MASPERO.)

Pour nous-mêmes, croyants, le tombeau n'est qu'un lieu où le corps achève sa désagrégation ; pour l'Égyptien, c'était l'habitacle d'une vie beaucoup plus longue et au moins aussi précaire. Il ne suffit pas de donner la sécurité au désincarné, on peint les murs des scènes même de la vie, pour qu'il soit distrait.

Le Ka que Maspero a traduit par le *double* correspond au corps astral de l'occultisme. Spencer a tenté en vain d'expliquer la théorie du double par les phénomènes ordinaires. Dans la tombe le mort refait le songe de la vie, c'est sa maison posthume, demeure éternelle en comparaison de l'hôtellerie où il a vécu organiquement.

Les nécropoles sont placées sur les plateaux, à l'abri de l'inondation, aux pieds des monts Lybiens, comme à Memphis, à Abydos, à Thèbes. Entre la chapelle et le sépulcre, il y a un conduit par lequel l'arome arrive aux statues.

Rougé a retrouvé sous les Ptolémiés la mention de desservants pour la tombe de Snewrou (IVe).

Les Oushati (répondantes), petites statuettes de momie, l'oudja, œil mystique, le ta (clé du Nil), le scarabée, talismans des plus humbles tombes.

Il y avait comme partout une fosse commune où des corps étaient mis à même le sable et de ceux-là on n'a retrouvé que le squelette.

Une phrase de Mariette donne la plus vive impression de cette nation de morts que l'archéologie a troublés et rendus malgré eux à la lumière.

« Je trouve, dit Mariette, sur la mince couche de poussière du caveau l'empreinte des pieds nus des ouvriers qui, 3200 ans auparavant, avaient couché l'Apis dans son sarcophage. »

La tombe pharaonique passe de la forme pyramidale de Memphis à celle du temple funéraire de Thèbes.

A Abydos, la sixième dynastie a laissé des mastabas. Par suite de la nature du sol, les tombes construites, au lieu d'être creusées, formaient une multitude de petites pyramides en longues rues, de 506 mètres.

Entre Memphis et Abydos, les nécropoles de Beni-Hassan, appelés speos (grottes) parce qu'elles sont taillées dans la falaise.

Le Moyen Empire suit en les réduisant les proportions antérieures et se plaît au speos : le Nouvel Empire ouvre ses tombes royales dans un ravin, c'est l'hypogée que les Grecs appellent syringe.

On peut les envisager comme une image du monde infernal avec ses étroits et sombres couloirs.

Une réflexion mélancolique s'impose en cette étude. Malgré tant de soins pour sauvegarder sa dépouille mortelle l'ancien fellah finit chez le marchand de couleur dans une vessie de plomb et Ramsès II, devenu un objet de vitrine, subit la curiosité stupide des touristes !

A la pyramide Memphite succéda la chapelle funéraire de Thèbes, véritable sanctuaire, dont les murs racontent les exploits du dédicataire. Ensuite vient le speos, l'hypogée dont Victor Hugo eût dit peut-être que c'était l'envers d'une pyramide.

Si on réfléchit qu'à leur belle époque, Memphis et Thèbes avaient mille morts par jour et que l'embaumement durait près de trois mois, nécessitant le travail de plusieurs ouvriers et la présence d'un prêtre qui mettait un scarabée sur le cœur, des bagues talismaniques aux doigts et le livre des morts entre les jambes, qu'on répétait à l'oreille du mort, comme pour les lui apprendre par cœur, les conjurations utiles, on sera stupéfait de l'importance des métiers funéraires jusqu'au moment où le chœur de pleureuses criait « à l'Occident » et où le prêtre saluait la momie posée debout : « A ton double Osiris un tel, dont la voie est juste, auprès du Dieu grand ». Alors, on lui faisait, ce qu'Horus fit à Osiris, avec l'aide d'Anubis, on lui rendait son ombre et la vie posthume commençait.

Pyramide de Khéops, deux millions de mètres cubes sur cinquante-quatre mille mètres carrés ; avec ses deux voisines, on formerait un mur de trois mètres sur un d'Alexandrie à la côte de Guinée. La masse ici joue un rôle esthétique. Dans une civilisation qui dédiait ses palais aux cadavres, le Versailles d'un pharaon se présente sous forme de mausolée. Au trentième gradin on a la vue la plus étendue sur le désert gris : l'entrée se trouve à douze mètres du sol, il faut ramper dans un couloir étroit et en pente, puis on monte des marches parmi le grouillis des scorpions et l'effarement des chauves-souris. Le colonel Wyse, le premier, explora la grande pyramide ; on a calculé que la construction de ce monument a nécessité l'emploi de cent mille ouvriers pendant vingt années.

Pyramide de Khépfren aussi haute que celle de Khéops, mais de moindre largeur (215 mètres de côté) ; il y a deux issues au nord, l'une au ras du sol, l'autre à 15 mètres. Le couloir d'entrée descend pendant 34 mètres, puis va en ligne droite au caveau creusé dans le rocher. Belzoni y vit le cercueil de granit, mais non la momie.

Pyramide de Menkara, la plus petite (108 mètres de côté). Le couloir s'enfonce dans le sol, on trouve une salle destinée à tromper les profanateurs. Wyse trouva la momie du pharaon intacte en 1837 ; le navire qui transportait le cercueil de basalte à Londres sombra.

Le plateau de Gizeh est littéralement une nécropole : on rencontre trois petites pyramides devant celle de Kheops et des débris près de celle de Khephren ; au sud de Menkara trois autres pyramides, et puis les mastabas s'étendent en avenues.

La pyramide de Saqqarah pose l'important problème des relations d'origine entre la Kaldée et l'Égypte : ici nous sommes en présence d'une véritable *zigurrat* (c'est-à-dire tour à sept assises en retrait l'une sur l'autre). Elle serait antérieure aux Pyramides (?) et aurait 7.000 ans et justifierait la thèse qui fait du delta persique la première étape, tôt abandonnée, des Ser'Hor. La pyramide de Meidoun inspire la même réflexion. Le dernier groupe de pyramides est celui de Dachour.

Serapeum (Oser-Ap, Osiris-Api) est la crypte ou hypogée creusé par Ramsès II pour la sépulture des taureaux sacrés et qui développe 350 mètres de couloirs; 24 sarcophages de granit sont encore en place.

Sur cette terre où les villes mortes sont encore habitées par les morts, le passé se lève à l'évocation de l'historien et la tombe rend témoignage du monument détruit.

Thèbes, capitale de l'Égypte sous neuf dynasties, de la XIe à la XXIe « successivement pillée par les Éthiopiens, les Assyriens, les Perses, un Ptolémée et enfin un tremblement de terre en 27 » (MASPERO), nous montre auprès de ses temples, ses tombeaux et souvent le grand temple n'est qu'une chapelle funéraire qui succède à la pyramide et dont les murs célèbrent les exploits du pharaon.

A Memphis la chapelle fait corps avec la pyramide, à Thèbes elle s'en éloigne.

Deïr-el-Bahari (XVIIIe dyn.) est le plus ancien monument de la vallée des reines et celui d'Hatasou, épouse et sœur de Toutmès II qui régna dix-sept ans au nom de son frère Toutmès III.

Elle construisit et combattit en vraie pharaone, mais à sa mort, son frère martela ses cartouches et y substitua les siens. Ce speos mérite l'attention pour ses bas-reliefs : il y a des caveaux voûtés en ogive. On appelle trouvaille de Deïr-el-Bahari la découverte par Maspero des sarcophages pharaoniques des XVIII-XXes dynasties.

Le temple de Gournah est la chapelle funéraire de Ramsès Ier, terminé par son fils Setti Ier et son petit-fils, Setti II.

La vallée des rois qui avait quarante tombes n'en conserve pas la moitié. Celle de *Setti I*^{er} avec ses longs corridors et ses chambres importantes se recommande surtout par ses peintures mystiques aux murs et aux piliers. Celle de Ramsès III plonge à 40 mètres dans la montagne et bifurque; celle de Ramsès IV conserve sa cuve de granit.

Derrière Medinet-Abou, les tombes des reines sont détruites : on les a volées de préférence, dans l'espoir d'y trouver des bijoux précieux.

Beni Hassan, nécropole de la XIIe dynastie, montre des pilastres à seize pans, les fameux protodoriques, antérieurs de 2000 aux colonnes grecques de cet ordre. Perrot ne partage pas cette opinion.

§ 3. — *Le Palais.*

Le palais de brique et de bois, léger, sans plan limité, suite de divers corps et pavillons ne nous est pas parvenu, d'après la maison figurée à Tell-el-Armana, avec cours et jardins.

M. Chipiez a donné une restauration du palais royal de Medinet-Abou qui est plutôt un château de plaisance avec des fenêtres à cadres sculptés.

L'ancien musée de Boulaccq, ex-harem en brique et en bois, proie toute désignée pour les flammes, donne une idée de ce que devait être le palais pharaonique dont il ne reste rien.

§ 4. — *La Maison forte.*

Maspero affirme que les villes étaient enceintes de murs.

Abydos a deux forts : l'un de 125 mètres de long, en briques crues, le mur atteignant dix mètres. Dès la Ve dynastie on y éleva des tombes : l'autre de la XVIIIe dynastie ; il n'y a ni tour, ni saillies, ni meurtrières. Comme ornementation des rainures prismatiques en hauteur et un crénelage à merlons arrondis, avec un chemin de ronde de quatre mètres. Au lieu d'un fossé, un avant-mur bas à trois mètres.

La plus ancienne place forte, El-Kab, mesurait 640 mètres sur le grand côté.

A Kom-Ombos, la butte a été bastionnée.

Après les guerres de la XVIIIe dynastie, les Égyptiens construirent des migdols à l'imitation des Syriens.

Sur des reliefs se trouve un migdol ou fort de type kananéen construisit au retour d'une campagne syrienne.

§ 5. — *La Maison privée.*

Maspero la retrouve même à l'époque des Ramsès.

Le peuple d'autrefois se logeait comme le fellah d'aujourd'hui, dans une sorte de hutte faite de limon et d'un clayonnage de palmier. La cour comme lieu à la fois aéré et à l'ombre, et la terrasse si propre à respirer l'air du soir et le mur percé de peu de baies ressemble, à juger d'après les plans et élévations donnés par Maspero, à la maison grecque et partant pour l'aspect extérieur à la villa pompéienne.

CHAPITRE III

LA SCULPTURE

§ 1. — *Type.*

Svelte, élancé dans sa haute taille avec une grosse tête triste et douce au front bas et carré. « Il avait les épaules larges, les pectoraux saillants, la main fine et longue, peu de hanche, la jambe sèche, les pieds minces. » De grands yeux, un nez court et rond qui n'a rien de sémitique, et les lèvres charnues.

L'Égyptien se rasait la tête comme le visage et portait une perruque ou une calotte. Une statue de bois de Boulacq nous montre le plus ancien burnous : le bras droit est libre, le gauche sort d'une manche.

La schenti, petite jupe souvent plissée ou

tuyautée, est parfois empesée de façon à former un tablier triangulaire.

L'art thébain affecte des formes plus élancées que l'époque memphite : le caractère androgyne s'étend à toutes figures, il s'exagéra à l'époque saïte.

L'art égyptien ne reproduit ni l'enfant, ni le vieillard, mais essentiellement portraitiste, il nous a laissé des nains.

Les ouvrages les plus anciens comme le Khefren et le Sphinx présentent le style égyptien à son apogée de signification.

§ 2. — *La Forme humaine.*

L'Égypte n'a donné l'image de ses Dieux qu'en statuettes; le temple ne comporte que la statue du roi-vicaire, quoique au temple de Mout (Karnack) le pylone aurait eu 572 Sekhet à tête de lionne, en granit noir et toutes semblables. Memphis ne nous a livré d'autre figure divine que le Sphinx, Horus solaire; et la nudité absolue du temple de granit correspond à un monothéisme primitif.

La statue est assise dans une attitude calme ou bien dans le mouvement de la marche : elle règne ou elle va. Seule, la statuette de genre s'évertue à diverses actions.

On voit, à Ghizé, des statuettes en calcaire d'expression réaliste, telles les pétrisseuses qui pourraient être attribuées à l'Asie Mineure, tellement leur physionomie s'éloigne de toute convention et donne une libre interprétation de la nature.

Le bas-relief des tombes représente souvent les travaux rustiques, les ateliers, voire les jeux et les chasses, les luttes.

Au puits des plus anciens mastabas, on a trouvé des statues d'un art accompli.

Le nouvel Empire comprenait l'Éthiopie et s'étendait dans l'Asie Antérieure : à cette extension se rapporte la prédilection pour les colosses : les deux encore debout, à Thèbes, étaient entourés de quinze autres sur la rive gauche ; il y en avait autant dans l'avenue de Karnack. D'après le pied (4 mètres de long), le Ramsès du Ramésseum avait 17 mètres, celui d'Ipsamboul a 20 mètres. Le Ramsès de Memphis qui gît encore à terre pèse 1218 tonnes en ses 13 mètres.

On ne peut appliquer à l'art égyptien ni l'épithète de réaliste, quoique sa statuaire procède du portrait et ses bas-reliefs du tableau de genre, ni idéaliste malgré le style hiératique qui le domine : c'est plutôt un mélange de convention et de réalisme.

Perrot appelle bien justement la statue, un corps de rechange, ce corps indispensable à la vie posthume.

La statue, en Égypte, a une destination pratique ; c'est le double de la momie, comme un corps artificiel qui sert de support, c'est-à-dire d'organisme au Ka. Le nombre des statues assurait les meilleures chances du devenir : et comme on multipliait la forme du mort, on l'entourait des formes de la nutrition. D'ordinaire, la statue était faite d'après nature et présente du reste tous les caractères du portrait avec un soin admirable, malgré qu'elle fût destinée à l'ombre du tombeau.

La sculpture primitive ici peut s'appeler funéraire.

Si la statue égyptienne est la plus ancienne, au moins comme perfection, il faut chercher la raison dans la croyance qui enseignait l'utilité pour la vie animique d'un corps semblable à l'organique.

La silhouette c'est l'ombre ou le profil de la forme. Mais dans le visage de profil l'œil se trouve de face ; de même avec un torse de face les pieds et les jambes restent de profil.

Cet illogisme vient-il d'une impuissance primitive passée en habitude ou bien cette convention s'inspire t-elle d'un dessein esthétique ? Cela ne me paraît pas douteux : un bas-relief, redessiné selon les règles, perd beaucoup de son hiératisme. Partout ce qu'il faut louer sans réserve c'est la façon d'indiquer le vêtement qui couvre le corps, en le dénudant.

Tout bas-relief, même s'il n'est que buriné en creux, se couvrait de couleurs : un édifice complet présente intérieurement une suite ininterrompue de figures gravées et coloriées qui tournent autour de la colonne.

Le Sphinx de Gizeh taillé au bord du plateau lybique est antérieur à la pyramide de Khéops.

L'androsphinx ou mieux le sphinx androgyne (tête humaine et corps de lion, mamelles de femme) se trouve donc le plus ancien chef-d'œuvre de l'art statuaire, à son apogée. La création d'un blason plastique d'un allégorisme aussi évident manifeste la plénitude de la civilisation. Figure testamentaire et véritable symbole de la pensée égyptienne le Sphinx nous montre le plus haut point de complexité expressive. Son sourire ne peut se comparer qu'à celui du *Saint Jean* de Léonard, tandis que son regard défie par sa puissance de rayonnement toute analogie. Cette statue est aussi monument, surtout aujourd'hui où tout a disparu qui le rendait vivant et brillant. Les ailes de sa coiffure fendues et déchiquetées, semblent d'une chauve-souris, l'uréus qui le couronnait a disparu ; il n'a plus de nez et le menton conservé rend le crâne fuyant. Plus de profil, mais de face le regard et le sourire de ce colosse de cinquante-trois mètres de haut stupéfie, il semble lever la tête « pour découvrir, par-dessus la vallée, l'apparition de son père, le Soleil ». Ce colosse de cinq mille ans a dû être conçu d'après le chat. Denon, le premier qui l'a décrit, insiste sur la perfection de l'œuvre, sur la subtile sérénité de ce gardien du mystère qui unit, zodiacalement, le signe de la Vierge à celui du Lion.

On ne trouve pas de figures divines dans la période primitive ou Memphite. Doit-on conclure que le monothéisme régna d'abord ?

On ne peut ranger l'art égyptien par écoles ; quoique, sous Ramsès II, le ciseau d'Abydos l'emporte sur celui de Thèbes.

Les bronzes des dieux n'ont qu'un demi-mètre. Ammon. Osiris (Louvre).

L'art memphite, en statuaire, a pour chef-d'œuvre le Sphinx. Thèbes le reproduira, avec poncif : on ne le trouve guère qu'au musée de Gizeh en ses beaux exemples. Après le chef-d'œuvre, il y a les œuvres : après le sphinx les statues de Kheops et de Khephren, celles de Meïdoun, les bas-reliefs de la tombe de Ti.

Au puits du temple du Sphinx, Mariette a retrouvé les statues de Khephren : la plus belle et la mieux conservée est en diorite comme celle de Goudéa, à Tello, avec les mêmes reflets de bronze.

Le *Klaft* encadre un visage olympien que termine la barbe osiriaque, ce tasseau bizarrement posé sous le menton.

L'expression de pensée sereine et de force consciente atteint au plus haut degré de noblesse : l'antropomorphisme a déjà trouvé sa formule et réalisé une figure surhumaine. Les dieux ne seront pas plus imposants ; du reste le pharaon est un dieu consort, par l'adoption divine qui concomite avec sa naissance.

Khephren, assis et calme, les mains, l'une posée sur le genou, l'autre tenant un rouleau, lève une face puissante et pensante dans l'encadrement du capuce. Il figure vraiment un pasteur d'hommes et réalise l'entité pharaonique, la vie physique s'y accuse dans une robustesse géante, la vie morale atteint à l'inspiration. Après cette version du roi, comment réaliser la physionomie céleste ? Une autre remarque s'impose : la tête a le caractère du portrait et l'œuvre celui de la plus haute idéalisation.

L'admiration de notre temps va plutôt au

scribe accroupi et au scheik de Boulacq ; elle se trompe, le pharaon tient la première place dans l'art comme dans l'économie de Mizraïm.

Les plus anciens mastabas sont peints et renferment des statues. Celles-ci doublent la momie et constituent des corps de rechange pour la vie posthume du double : elles ont été exécutées pour la plupart d'après nature : mais on dut fabriquer en nombre et d'avance des supports de double, pour tous ceux qui n'étaient pas assez riches pour faire exécuter leurs portraits.

Rougé attribue à la XIIIe Sépa prêtre du taureau blanc, et sa royale parente Nesa (Louvre), calcaire.

Antérieur à Cheops, le couple du général Ro-Hotep et sa femme Nefert (Boulacq), calcaire.

Les panneaux de bois trouvés à Satkarah dans le tombeau d'Hosi.

Le scribe accroupi (Louvre) : l'œil est fait de quartz, de cristal et de métal et par cet artifice paraît vivre témoignant que la statuaire égyptienne non plus que l'architecture ne connut d'enfance, ni d'évolution ou du moins elle ne nous en a laissé aucun reste et les plus anciennes sculptures se trouvent les plus parfaites.

Le Scheck-el-beled (Boulacq).

Parmi les plus caractéristiques, il faut citer pour leur aspect typique :

Le Snefrou terrassant un ennemi (bas-relief) d'Ouadimaghara reproduit dans Lepsius.

Nésa (Louvre).

Le prêtre du taureau blanc et son épouse.

Ra-Hotep et son épouse Nefert (Boulacq), chef-d'œuvre.

Abydos, salle de Sokar : le pharaon entre Nefert et Sechmet.

Thèbes. Les Colosses. — Pareils à de formidables gardiens d'autant plus impressionnants qu'ils n'ont plus de traits, les deux statues d'Amenophis III qui veillèrent jadis à l'entrée du temple disparu, gardent maintenant la vallée funèbre. Septime Sévère, en 27 avant Jésus-Christ, les restaura. A cent pas l'un de l'autre, assis sur des trônes, les mains à plat sur les cuisses, celui du sud est monolithe sauf pour le profil, celui du nord est le célèbre, le vibrant aux premiers rayons de l'aurore. Aux faces latérales le haut Nil coiffé de papyrus et le Delta mitré de lotus. Le cartouche porte « Soleil, directeur de justice ; Amenoteph, directeur de puissance ».

Ramésseum. — Dans la cour, gît un colosse conçu en émulation de ceux d'Amenoteph et qui fut jeté bas, comme eux, par un tremblement de terre. « Un homme, dit Maspéro, peut se coucher à demi dans le creux de l'oreille comme il ferait sur un divan. »

L'esthétique passe de la sixième dynastie à la douzième (Ousourtesen Anemenha) et y découvre un caractère androgyne tel que le poursuivit l'art grec de la belle époque. La taille plus fine et plus élancée, la proportion augmente. Le sphinx de granit rose du Louvre et le Sebek-hotep en même matière, sont de ce temps.

De la période des pasteurs ou Hycksos datent les sphinx barbares de Tanis et le basalte vert du Louvre, statuette qui représente le type des Hycksos. Les voyageurs disent que ce type concorde avec celui des habitants actuels de Tanis, au lac Menzaleh.

Le second Empire thébain s'affirme par la multiplication des colosses : les plus fameux sont ceux d'Amenophis III, le fondateur de Luxor sur la rive gauche du Nil, les plus grands ceux de Ramsès II, à Ipsamboul (20 m.). Celui qui gît sur la route de Saqqarah, après avoir orné l'entrée du sanctuaire de Pthath à Memphis, attend que l'Angleterre à qui il appartient se décide à l'enlever : c'est le chef-d'œuvre de la XIXe dynastie.

Le Ramsès II du musée de Turin est admirable de paix et de sérénité grandiose. Seule peut-être la tête de Menephtah (Boulacq) l'emporte pour le rayonnement intellectuel.

La douzième dynastie offre une forme plus

svelte, une taille presque féminine. La race s'est-elle affinée ou l'esthétique du peintre s'impose-t-elle au sculpteur? Une grâce éphébique, un caractère androgyne se dégage des représentations.

Statue en grès de Mentou-hotep trouvée à Carnac par Mariette.

Sebet-hotep III, granit rose (Louvre).

Le sphinx en granit rose (de Tanis).

Jambe en granit noir (Berlin) d'un Ousourtesen.

Statues de Turin.

Sphinx en granit noir (Boulacq).

Stèles d'Abydos.

Mariette donne ce signalement du type de Hycksos : « Les yeux sont petits, le nez est vigoureux et arqué en même temps que plat au bout, les joues sont grosses en même temps qu'osseuses et la bouche s'abaisse aux extrémités. »

La tête de la reine Taïa (Boulacq) (mère d'Amenophis IV qui martela le cartouche d'Ammon et tenta une réforme religieuse) est un chef-d'œuvre d'individualité subtile et sensuelle : on pourrait l'appeler la première des Joconde.

Une statuette du Louvre montre cet Amenophis IV avec les stygmates graisseux propres aux eunuques.

Les sculptures d'Abydos où Seti Ier s'avance vers une Panathénée.

Le bas-relief de Gebel Silsileh où Isis allaite Horus, serait le frontispice d'une histoire de la madone.

Dans l'expression de la force brutale l'Égypte n'atteint pas à l'Isdubar étouffant un lionceau contre sa poitrine ; le pharaon qui lève sa masse d'armes sur les Khetas vaincus, à Karnack, ou tire de l'arc du haut de son char à Louqsor ne frappe que par sa beauté presque féminine. Il est clair que dans l'esprit de l'artiste la divinité du pharaon lui donne la victoire plutôt que son biceps. Vainqueur comme dieu consort, il fait le geste royal et le ciel fait le reste : conception d'une étonnante idéalité.

La femme assez quelconque sous les traits de Nésa, déjà jolie avec Nefert, perd dès la douzième dynastie sa lourdeur et s'amaigrit, s'élance, s'allonge selon un goût qui ne se démentira plus. On a accusé ce parti de maniérisme et de poncif. Son inventeur eut du génie : car toute femme des bas-reliefs vêtue de robes de gaze, le sein long et saillant, le bras mince, la cuisse forte et presque sans mollet donne une impression très vive de sexualité stylisée : la reine devant Amenophis IV (Tell-el-Armaña) et les danseuses musiciennes et déesses.

La race égyptienne très amoureuse nous a légué ces théories de femmes aux jeunes corps sous des voiles transparents, qu'il s'agisse de déesses ou de ballerines.

SAITE.

La régente Améniritis en albatre ouvre la période Saïte (XXVIe dy.), de Psammetik à Amasis.

Sphinx en bronze du Louvre, Psammeticke. Hathor (Boulacq), l'Horus sans tête du Louvre.

CHAPITRE IV

BAS-RELIEFS ET PEINTURES

La peinture couvre les murs et les bas-reliefs de sa teinte plate et conventionnelle, sans ombre ni nuance, ni perspective, qu'elle représente un sujet mystique ou réel : on la voit semblable enluminure aux papyrus mortuaires.

Osiris vert en maillot et mitre blancs.

La couleur essentiellement symbolique et pour ainsi dire théologique, est d'un ton franc, sans dégradation, destinée à la pénombre du temple ou à l'ombre du mastaba.

Même brève et incomplète l'indication des principaux sujets de l'art égyptien achèvera sa physionomie et surtout expliquera certains caractères dont l'esthétique ne découvrirait pas la raison.

Il serait difficile et même oiseux de séparer

les peintures proprement dites, des sculptures peintes souvent d'un très faible relief. Mieux vaut les réunir dans une vue rapide sur la décoration des tombes et des temples.

Tombe de Ti, « le plus beau monument des dynasties (V[e]) » selon M. de Rougé. Nous avons vu sa statue déjà et celle de sa femme. Le relief montre au vestibule le transport des statues et le sacrifice du bœuf; puis les plus anciens tableaux rustiques, basse-cours, mares et aspects de la glèbe. Les thèmes sacrés ne sont pas oubliés, la barque d'Abydos passe suivie d'une flottille, portant des provisions à l'usage du mort.

Le sentiment de la nature est ici d'une justesse étonnante et les animaliers de la cinquième dynastie donneraient des leçons aux nôtres : les mouvements surtout frappent par leur netteté dans les scènes de genre où on gave des oies, on vanne du blé, où les percepteurs une trique sous le bras saisissent des contribuables ruraux; et on s'étonne que ces femmes portant des corbeilles sur leur tête ne figurent que les terres du défunt: avec une coiffure symbolique elles passeraient pour des déesses ; et c'est le caractère du bas-relief égyptien, sauf dans la représentation des ennemis vaincus, que la forme humaine obéisse à un poncif idéal pour le fellah, comme pour l'immortel. Généralement la peinture funéraire montre les occupations du défunt sur la terre, les phases de ses funérailles, sa navigation vers l'occident et son retour à la vie posthume.

L'indication des sujets achèvera de faire sentir la mentalité égyptienne.

La décoration du temple se répétait du nord au sud : sacrifice du nord et sacrifice du sud toujours offert par le pharaon dédicataire, seul intermédiaire entre les dieux et les hommes. Si le pylone représente le pharaon immolant ses ennemis, le mur intérieur le fait voir faisant une libation de grâces à son père céleste. Les prêtres viennent portant le naos ; le dieu reçoit son fils, et tous deux restent seuls dans le sanctuaire.

La décoration de la tombe, pendant la période memphite, ne comporte guère que des inscriptions du livre des morts, mais la tombe thébaine développe pour ainsi dire le rouleau : Thèbes dessine et peint ce que Memphis se contentait d'écrire.

La tombe de Séti Ier a été décrite par M. A. Gayet. C'est une décoration des plus complètes comprenant le rituel de la résurrection, l'enfer et les aventures d'outre-monde. Celle de Ramsès III est importante aussi.

Beni-Hassan, la tombe d'Ameni, officier sous

Ousartiasen Ier, s'illustre de tableaux militaires fort curieux, car ils représentent la vie du soldat depuis les exercices de la caserne, gymniques et autres, jusqu'aux sièges des places et aux punitions.

La tombe de Khoum-Hotep présente surtout des scènes de chasse et de pêche. On y voit une caravane asiatique avec des mèches à la chinoise. Le défunt assis dans un fauteuil semble se complaire à voir cultiver ses champs.

Tell-El-Amarna. — Là fut fondé par Amenhotep IV, Khout-aten, dans sa guerre avec les prêtres d'Amon, maîtres de Thèbes; il n'en reste que des tombes, mais importantes par la décoration. Celle d'Aï montre les cérémonies de son mariage et la famille royale faisant du haut d'une terrasse largesses à la foule. La forme ici s'amincit et s'allonge jusqu'au maniérisme.

Le temple d'Amon à Louxor montre la dédicace même du temple orné de mâts à banderolles. Les fils de Ramsès, les prêtres, les taureaux du sacrifice défilent. Aux murs de la colonnade de Seti une procession passe, tambours et derviches (car ils se contorsionnent selon un hiératisme inconnu faisant l'arche de pont), danseurs de pyrrhiques, chanteurs, soldats, musiciens, et ces groupes sont séparés par des bannières. On a l'image fidèle d'une fête religieuse sous Amenhotep III.

Un thème fréquent est la figuration du monde sous les traits d'un couple humain portant des fruits. Au-dessus, le pharaon vivifie de sa masse d'armes d'où quatre rayons portent une Maut.

Dans le pourtour du sanctuaire on suit le rituel de l'adoration pharaonique : on y retrouve avec étonnement la pose et la reprise de la mitre et les changements de costumes de la messe épiscopale. Enfin il monte au tabernacle et offre le lotus, l'encens, l'eau et le feu. Ailleurs il tient un sceptre en spirale, le sceptre des quatre vies ; un rayon va sur quatre taureaux, un noir, un blanc, un jaune et un r uge.

Le temple de Maut nous raconte la naissance d'Amenophis et comment Amon prit les traits du roi pour s'unir à la reine Mautmova. On voit Khoum modeler le corps du futur pharaon. Ensuite Hathor fait des passes sur la nuque de la reine. Il faudrait des pages pour décrire les Khoum à têtes de béliers tenant une croix ansée à chaque main et levant un bras en abaissant l'autre, la reine enfantant au milieu de déesses, la vache d'Hathor allaitant le pharaon et son double, qu'on voit grandir ensemble.

Qui voudra pénétrer la religion égyptienne et y découvrir les origines de ce qu'on appelle la magie devra s'attacher à ces registres d'un intérêt extrême.

Le temple de Séti le représente devant Maut et Khonsou qui lui donne à respirer, les ankh et lui-même, le feu et l'eau; à l'intérieur il encense.

La salle hypostyle de Seti à Karnack montre sur chaque colonne un rite accompli par le pharaon, tandis que l'extérieur porte les campagnes syriennes.

Le pharaon, les rênes de son char nouées à la main, charge le glaive de l'autre.

Le mur du sud concerne la prise d'Askalon.

Le sixième pylone de Karnack donne plus de six cents noms (il en donnait le double en son temps) de peuples et de villes vaincus ou tributaires ; tous n'ont pas été identifiés.

Temple de Khonsou. — Le pharaon offre des branches de lotus à Amon et l'encense. Un cortège sacerdotal se développe avec les barques.

Ailleurs, Thot et Horus répandent le fluide sur le pharaon; celui-ci présente à Khonsou un sphinx et un enfant. Toum et Menthou vivifient le monarque.

A *Medinet-Abou*, sur la rive gauche, en passant devant les colosses d'Amenophis, le temple de Totmes III, où on retrouve la vivification et surtout le migdol de Ramsès III : le bas-relief extérieur représente le monarque sacrifiant des vaincus Khetas, Armorrhéens, Sardes, Lybiens.

L'intérieur représente la vie privée, voire intime du roi ; ici, il caresse le menton d'une femme, là il joue aux échecs avec une autre. Au temple de Ramsès III, sacrifice des prisonniers. Les scribes comptent les mains coupées. Des sièges, des arrivées d'otages, des escrimes diverses. L'autre pylone raconte encore des campagnes victorieuses. Au portique, un cortège royal avec tambours, trompettes et chœurs, et Ramsès porté en chaise par des chefs militaires. Amon générateur passe sur les épaules de vingt-deux prêtres.

On pourrait restituer ici beaucoup de points du rituel, les divers degrés de la cléricature des instruments et des emblèmes. Un prêtre fait envoler quatre oiseaux vers les points de l'horizon, ils portent au monde le fluide vital.

Départ pour la guerre, combats, victoires et actions de grâces aux dieux.

Le Ramésseum raconte les expéditions de Ramsès II, sa victoire sur les Khetas, sujet du fameux poème de Pentaour.

Au sanctuaire de Medinet-Abou, on voit une belle illustration du *Livre des morts* terminée au temps de Cléopâtre. Le pèsement de l'âme devant Osiris juge, avec les quatre génies canopes sur la fleur de lotus. La déesse Mat conduit le mort : les quarante-deux juges infernaux sur deux rangs.

A Deïr-el-Bahari, on trouve une campagne navale que dirigea la régente Hatasou ; et les navires chargés d'animaux rares et d'objets précieux.

A Gournah, la tombe de Rekhmara, gouverneur de Thèbes sous deux pharaons, mérite une grande attention : elle met en scène le grand vizir ou premier ministre et ses subordonnés. Il reçoit les ambassadeurs et les tributaires apportant les tributs les plus variés. On reconnaît les Somalis, les Phéniciens, les Soudanais, ceux du Liban. Tantôt comme intendant des subsistances, tantôt comme inspecteur des divers métiers, Rekhamara surveille les chantiers monumentaux comme l'atelier des artistes.

Le Louvre possède la stèle de granit rose, en fausse porte par où Rekhmara sortait de ce monde et y revenait. « Le fluide de la momie s'infuse dans la statue. On évoque son ombre, on la saisit dans une étoffe et on la fixe sur la statue. On fait le sacrifice des taureaux, on passe la cuisse de la victime sur la bouche et les yeux de la statue, on ouvre ses yeux et sa bouche avec diverses amulettes. Alors neuf amis élèvent la statue sur leurs bras et la ramènent au jour. » (GAYET, *Itinéraire.*)

A Edfou et à Denderah, le caractère astronomique se mêle aux scènes de l'Amenti et aux étapes de la vie posthume. A Philæ, les pylones représentent l'enfantement d'Isis, le plafond donne les heures célestes.

Ipsamboul montre des batailles ; à Kabaché comme à Dandour, on ne rencontre que les redites des mêmes thèmes de la haute Égypte.

Medinet-Abou. — Le pylone montre Ramsès sacrifiant les vaincus d'un côté à Amon, de l'autre à Ptah. Les vaincus à genoux et les bras fortement liés en arrière ont un cartouche portant le nom de leur race. Ailleurs, le pharaon balance sa massue sur un paquet de prisonniers qu'il secoue par les cheveux ; plus loin, il est porté en sedia gestatoria, avec des flabelifères.

Toujours se revoit un prêtre qui donne la volée à quatre oiseaux qui porteront la vie aux points cardinaux.

Thèbes, tombe de Seti. Du ciel étoilé des Pyramides, on passe à une individualisation des planètes.

Trente-sept figures de chaque côté des litanies de Ra, et Isis et Nepthys, les mains sur le signe mystérieux. A la seconde salle, les zones infernales gardées par les serpents, et les alliances divines du pharaon avec dix dieux. A la onzième heure, les supplices semblables à la fresque du Campo-Santo de Pise : la lionne Tafnout extermine les impies.

A *Edfou*, aux murs de l'hypostyle, des listes de livres et la déesse Seikhet, patronne des scribes, écrivant sur une feuille de papyrus : en face, l'Horus enfant faisant le geste du silence. Métamorphoses successives d'Horus, en lion, en épervier, en scarabée, en bélier; il tue une gazelle, animal impur qui sert de monture à Bès.

Lenormant juge les bijoux de la reine Ha-hoteph aussi purs de forme que ceux de la Grèce.

Le plus grand prestige de l'Égypte réside dans son architecture qui donne tout le système classique, le portique, le pilier, la colonne et la salle hypostyle ! Le dix-septième jugeait tout cela avec désinvolture. « Ceci n'était pas tant un palais qu'un magnifique amas de douze palais. Quinze cents chambres mêlées de terrasses s'arrangeaient autour de douze salles. Il y avait autant de bâtiments par-dessous terre. Ces bâtiments souterrains étaient destinés à la sépulture des rois et encore (qui le pourrait dire sans honte, sans déplorer l'aveuglement de l'esprit humain) à nourrir des crocodiles sacrés, dont une nation d'ailleurs si sage faisait ses dieux. » (Bossuet).

Le manuel du baccalauréat de Lefranc, édition de 1870, porte, p. 27 : « On adorait en Égypte jusqu'aux poules, jusqu'aux légumes, poireaux et oignons. Le dieu de l'enfer était Sérapis. Tout Égyptien subissait, monarque ou particulier, un jugement solennel après sa mort (1).

L'an 389 de notre ère, l'empereur Théodose ordonna la destruction de tous les temples de l'Égypte.

Les empereurs chrétiens d'Orient régnèrent 250 ans et dévastèrent sans relâche jusqu'à la conquête arabe.

La Commission d'Égypte a dessiné un temple periptère à Elephantine, d'Amenophis III, qui a été détruit par le gouverneur ottoman en 1822.

(1) PIERRET, *le Livre des Morts*.

Congrès provincial des Orientalistes français, 1880, 1er Bulletin, 2e Volume. Théollier, Saint-Etienne.

MASPERO, *Histoire ancienne des peuples de l'Orient*, ed. class.

MASPERO, Histoire ancienne des peuples de l'Orient, édition illustrée. (Hachette.)

MASPERO, *Archéologie Égyptienne*. Quantin.

PERROT et CHIPIEZ, *Histoire de l'art : Égypte*.

GAYET, *Itinéraire illustré de la Haute Égypte*.

Les livres usuels et français sont seuls indiqués ici, ils contiennent les références d'une étude plus approfondie.

LENORMANT, continué par BABELON, *Histoire ancienne de l'Orient*, 1885.

RAYET, *Monuments de l'art antique*.

MARIETTE, *Voyage dans la Haute Égypte*, 1893.

PRISSE D'AVENNES, *Histoire de l'art égyptien*, 1887.

SECONDE PARTIE

KALDÉE ET ASSYRIE

CHAPITRE PREMIER

GÉNÉRALITÉS

§ 1. — *Le Pays.*

La Kaldée, baignée par le golfe Persique, touche à l'Arabie. C'est le Sennaar où la Genèse place l'aurore des sociétés, la première ville Babel, et la fameuse confusion des langues. « De Kousch naquit Nimroud. » L'origine de son empire fut Babel, Erech, Accad et Chalanné, témoignage confirmé par les découvertes monumentales et qui ruine l'interprétation allégorique de ce verset 10 par Fabre d'Olivet : « Or l'origine de son empire, au sein des révolutions civiles, fut la vanité, le relâchement des mœurs, l'isolement et l'ambition. »

Terre d'alluvion que deux fleuves, le Tigre et l'Euphrate, fécondent par leurs crues, à peu près à la même époque, en mai, lande plate. L'Euphrate aux rives mouvantes et sans cesse modifiées aboutissant à des lagunes fiévreuses. Le blé et l'orge à l'état indigène, beaucoup de végétaux comestibles. La céréale rendant jusqu'à 300 pour 1 ; le millet et le sésame arborescents. « Ce que je raconterais de cette fertilité ne serait pas cru », dit Hérodote.

Le Tigre et l'Euphrate prennent leur source en Arménie, coulent parallèlement d'abord, s'éloignent, puis se rapprochent, pour se jeter ensemble dans le golfe Persique. Qu'on se figure une immense plaine ici marécageuse et là desséchée; le sable du désert poussé à travers une lagune aux grands roseaux.

Il n'y a pas de pierre en Kaldée. « Entre Bagdad et la mer, creusez, vous ne trouverez pas un caillou gros comme une noix » (PERROT), et la brique leur servit de pierre, et le bitume leur servit de ciment. Brique crue, cuite ou émaillée et les versants du Zagros fournissant fer, cuivre, plomb et argent, tout l'éclat venait du revêtement d'émail et de métal. Les ruines sont presque informes, des tertres ou tells.

En Égypte la civilisation commence à Memphis, au delta; en Mésopotamie les plus anciennes cités sont voisines de la mer, Our, Larsam, puis Babylone, enfin Ninive.

La Kaldée est la partie mésopotamique baignée par le golfe Persique. Rawilson compare comme étendue la surface de la Kaldée au Danemark et celle de la Syrie à la Grande-Bretagne.

Depuis les temps primitifs la mer a reculé de cinquante lieues. Pas de pluie avec des étés torrides et des hivers venteux. La fécondité dépend des fleuves.

Les Susiens des Grecs sont les Elamites de la Bible et nous ne savons à peu près rien d'eux; Bérose reproduit pour la Kaldée des assertions légendaires, dynastie divine et dynastie humaine d'une longévité invraisemblable.

§ 2. — *La Race.*

Kouschite ou Sémite? Les auteurs classiques confondent Chaldéens, Assyriens et Syriens.

Sumeriens, c'est-à-dire venus de l'Oural et de l'Altaï, septentrionaux importateurs du cunéiforme. Race icthyophage, travailleuse des métaux gisant à fleur de terre dans le Touran. Cette question d'origine reste pendante; une seule assertion est légitime : on trouve ici d'abord une race non sémitique.

Deux races dont l'une touranienne (?) formèrent la Kaldée primitive. Qu'est-ce qu'un Touranien ? Il n'est ni Aryen, ni Sémite. Les inscriptions distinguent, en Kaldée, les Soumirs des Accades, deux civilisations se sont superposées : Nimroud le babylonien marche contre Assour le Ninivite, d'après la Genèse. On peut attribuer la Babylonie aux Accads. Babylone resta à peu près indépendante jusqu'au huitième siècle avant Jésus-Christ.

La philologie seule apportera de la clarté dans la confusion de races qui forment l'agglomération kaldéenne, lorsqu'elle aura établi le rapport des trigrammes de Fo-Hi, avec le cunéiforme. Lenormant a invoqué des relations finnoises et ouraliennes, au lieu des chinoises beaucoup plus probables.

La population primitive de la Kaldée aurait été touranienne. Lenormant retrouve chez les Finnois des ressemblances avec les Accads de la Mésopotamie. Les Kouschites de Nemrod à Babylone ne sont que des Syro-Arabes.

L'idéogramme Sumer désigne un peuple ayant une langue distincte. C'est un fait acquis, sur ce point encore si litigieux, que la dualité de langue sémitique et touranienne, que la dualité de race Soumir et Accad.

Our (Mougheïr) est la capitale des Accads.

Les Kaldéens paraissent une tribu qui s'imposa au IXe et qui donna au VIIIe des rois à Babylone; et ces Kaldéens ne sont pas des sémites.

La question accadienne se raccorde à celle des origines chinoises, tant pour l'écriture que pour la race.

« Désormais, dit Ledrain, comme il y a le siècle de Périclès et celui d'Auguste, on nommera, dans l'histoire de l'art, le siècle de Goudéa (3000 avant J.-C.).

D'après Ledrain, Sumir ou Schumer n'a pas un sens géographique, mais linguistique : il s'agit d'une langue sacrée, vaticinatoire, plus propre à la Kaldée méridionale; Emekou, synonyme, se dit dans le sens de langue d'élite, tandis que l'accadien serait Eme-sal — Eme-lukh, langue de femme ou d'esclave.

Avec ses déclinaisons, le Sumir diffère du type sémitique et se rattache au finnois et au mongol.

Et maintenant qui affirmera que le fameux alphabet phénicien ne sort pas du cunéiforme?

Une seule statue représente Likbagus, patesi gouverneur de Sirtella, il se vante d'avoir construit le temple des cinquante « à la souveraine des montagnes, à la mère des Dieux, il a élevé le temple de sa demeure heureuse à Anri et aussi à la fille de l'abîme, souveraine du séjour souterrain, il a élevé le temple de sa demeure heureuse. » Sirtella dépendait d'Our.

Ledrain donne pour dieux à cette période Mulkit (Melquart) tandis que Ater Nannar régnait, et un fils de Mulkrit, Papouka, et une fille d'Anri, Bagus.

Chaque homme avait un dieu pour patron.

A douze lieues Warka (Ereck ville funéraire, Abydos de la Kaldée), un amas de tells qui l'a fait nommer Tello, M. de Sarzec a trouvé neuf statues en diorite et en dolerite.

« Sans le peuple de Sumir point de Tyr et de Sidon; la terre eût appartenu aux nomades du désert, au sémite du sud. » (Ledrain).

On trouve à Sirtella toutes les œuvres d'une civilisation : des statues en ronde bosse, des coupes, deux cylindres d'environ chacun deux mille mots, un bas-relief représentant une harpiste, un autre figurant une prise de ville.

Nul doute que si l'on attaquait d'autres tells ils rendraient à la lumière des fondations de temple, des statues et des cylindres.

Un peu de l'or prodigué par les Anglais à la reconnaissance du temple de Jérusalem aurait mis à jour ce que cache le Birs Nimroud. Babylone attend ses explorateurs, son Schliemann, et le résultat serait, pour l'histoire et pour l'art, d'une plus grande importance que la découverte d'Ilion.

Il y aurait lieu de séparer Babylone, la savante et voluptueuse métropole, de la Ninive guerrière et brutale, mais les Assyriens ayant réalisé dans des monuments durables et parvenus jusqu'à nous les créations kaldéennes, ce serait augmenter la difficulté d'exposition que de les désunir. On peut cependant préciser les rapports de la race avec le caractère de chaque civilisation. Babylone a quelques traits de la Chine, elle met au-dessus de tout la culture spéculative, tandis que Ninive représente un empire militaire et qui tombe, le jour où la victoire l'abandonne : son Dieu disparaît avec sa force.

Pour les Grecs, les Kasdim, Kaldéens étaient une caste sacerdotale; la science était héréditaire, le fils succède au père. L'archimage ou pontife suprême venait après le roi et l'accompagnait toujours, régent à sa mort.

L'Assyrie fut un camp perpétuel : son art vient de Kaldée ainsi que sa religion, mais Assour est un dieu national, comme Iahvé, selon la conception sémitique de se déclarer peuple élu, non pour sa vertu mais par suite d'un pacte avec la Divinité, tandis que la croyance kaldéenne plus abstraite conçoit l'universalité de la puissance céleste.

Il y a un parallélisme entre le développement de la Chaldée et celui de l'Égypte.

Elle naît au delta du Tigre et de l'Euphrate dans une vallée d'alluvion et la civilisation remonte les fleuves, plus ancienne à Our et à Larsam qu'à Babylone et à Ninive.

La Chaldée ne forme qu'une partie de la Mésopotamie, se développe entre l'Arabie et le golfe Persique. Le Tigre et l'Euphrate remplissent ici le rôle du Nil fécondant : sans l'inondation périodique, ce pays sans pluie serait un désert. Hérodote a raison, aucun pays n'est aussi fertile en blé, qui y pousse à l'état naturel.

Sennaar (Kaldée biblique) vit la première ville, Babel et puis Accad et Chalanné.

Les douze rois de Bérose correspondent aux douze patriarches hébreux Guibborim (gabra assyrien, géant). Les identités entre les traditions chaldéennes sont innombrables.

« J'ai lu, dans les plus anciens textes de la collection Sarzec, jusqu'au nom du dieu particulier d'Israël, Iahvé, dont on avait jusqu'ici vainement cherché la provenance. Il y avait dès les temps les plus lointains, un Iahvé sumerien, un dieu *qui est.* »

L'Assyriologie comme l'Égyptologie est une création française.

Botta, consul de France à Mossoul, en 1843, commença les fouilles de Korsabad, en 1845 ; l'anglais Layard en commençait à Nimroud et à

Kouroundjick. Place en 1851 reprenait l'œuvre de Botta. On voit que l'Assyriologie date d'un demi-siècle.

Du huitième à la fin du septième, le roi d'Assyrie demeura à Ninive. Botta crut retrouver Ninive à tort, il ne mit au jour qu'un palais de Versailles assyrien, élevé de 722 à 705, amas de constructions qui se divisent en lieux de réceptions, en appartements privés et en communs.

Les merveilles attribuées à Sémiramis par les Grecs, les deux palais sur les rives de l'Euphrate, les jardins suspendus n'ont pas laissé de traces.

Nimroud, à six lieux de Mossoul, sur la rive gauche du Tigre présente un tell ou tertre considérable. On y a dégagé le palais d'Assournazirpal (880). Les bas-reliefs représentent le roi et ses officiers, des génies à tête d'aigle devant l'arbre sacré.

Le palais d'Assarhadon s'accuse inachevé.

Il faut citer à Kouroundjick, le palais de Sinnakerib (80 de long sur 100 de large). L'entrée du côté de la ville avait dix taureaux séparés par des génies. Les bas-reliefs se rapportent tous à la vie guerrière.

L'emplacement de Babylone n'a pas été fouillé, ses *tells* attendent encore la pioche de l'archéologue mais les difficultés et les dépenses seraient énormes. Hérodote attribue à l'enceinte un espace trois fois plus grand que Paris ! Même si Nabuchodonosor après la défaite de Ninive a employé les vaincus à construire, on se figure mal une telle cité avec des maisons à quatre étages et des rues droites, des murs de 100 mètres du fond du fossé au créneau avec 26 mètres d'épaisseur : « sur le haut du mur on avait laissé entre la saillie des tours, l'espace qu'il faut pour faire tourner un char à quatre chevaux ».

L'épaisseur venait de la matière employée qui n'offrait de résistance que par sa masse.

Les tours saillantes de 4 mètres et espacées de 27 mètres avaient des portes ornées en cintre avec briques émaillées. De tout cela il ne reste que des monticules informes.

L'ingénieur militaire ici est bien supérieur à l'égyptien, il use du bélier, des tours mobiles; on construisit des voies militaires comme les Romains; les chars de guerre furent d'un emploi régulier et l'Assyrien se montre le plus anciennement accompli des Poliocertes.

§ 3. — *Les idées.*

On a voulu voir la génération spontanée dans le régime aqueux à travers le mythe chaldéen. Aspou (Océan) et Tiamat Chaos mêlaient leurs eaux. Les Dieux naquirent : Anou (ciel), Bel (terre), Ea (Neptune) ; ils se dédoublèrent en Anat, Bélil et Ea. Les Dieux engendrèrent Sin (lune), Samas (soleil), Mardouck, Nergal, Istar, Nebo (Mercure).

Tiamat (chaos) fut vaincu par Bel-Mardouck qui avec ses membres fit l'univers. « Le Monde était une sorte de chambre close en équilibre sur des eaux éternelles, la terre qui en forme le plancher a l'apparence d'une barque renversée. » (MASPERO). Un bizarre Messie Ea Khan (oannès), Dieu amphibie, vint instruire les hommes : au coucher du soleil, il se replongeait dans la mer. Ce mythe signifie que la civilisation fut apportée par un homme étranger à la race aborigène ; mais sa représentation ne donne que le type assyrien ordinaire.

La nuit, en Kaldée, est d'une limpidité incroyable , on aperçoit à l'œil nu des étoiles que l'Occident ne voit qu'à l'aide d'un instrument ; en outre la chaleur sèche et le vent accablant de la contrée poussent à la veille. Delacroix, dans un pendentif de la bibliothèque des députés, a rendu sensible le mouvement mental qui disposait les Chaldéens à l'astrolâtrie et à l'astrologie.

Le temple semble être, en même temps, un observatoire, mais comme nous sommes en pays astrolâtrique et que la science fait partie de la religion, il n'y a pas lieu de différencier les deux notions.

Ilou, qu'on nommera Assour, engendra le chaos, Anou, Bel, Novah, Trinité que Maspero qualifie la Matière, le Verbe et la Providence. Anou, père des dieux, se manifesta aux hommes sous les traits d'un amphibie, l'homme-poisson qui enseignait pendant le jour et au soir se plongeait dans la mer. Bel-Mardouck (Jupiter) ; Novah maître des sciences, semblable au Saint-Esprit. Chaque dieu a sa parèdre, Anou, Anat; Bel, Belit; Nouah, Tihavti.

La seconde triade se composait de Sin (lune), Samas (soleil) et Bin (dieu de la fertilité et des météores). Puis Mardouck (Jupiter), Nergal (Mars), Istar (Vénus), Nebo (Mercure), Adar (Saturne). Un dieu, analogue à Hercule, Isdubar qui étouffe un lionceau en le serrant sur sa poitrine, aux bas-reliefs du Louvre. Il y avait donc douze grands dieux zodiacaux, plus les 36 décans : tous les dix jours l'un monte en haut et un autre passe en bas, c'est le dieu de service.

La Chine primitive seule a poussé aussi loin que la Kaldée l'étude du ciel et de ses mutations périodiques, en même temps que le culte des esprits élémentaires; cette similitude de tendance mérite l'attention.

L'astrologie amena la découverte des mathématiques. Une numération à base sexagésimale, un système métrique, la division du cercle en degrés, minutes et secondes, le zodiaque, les étoiles fixes ou errantes, les éclipses de lune, avec une année lunaire de douze mois et un planisphère.

Josèphe affirme que les Égyptiens apprirent l'astronomie des Kaldéens : Diodore opine pour le contraire. Callisthène, au dire de Porphyre, aurait envoyé des observations de 1903 à Aristote. Leur année était de 360 jours, et tous les six ans, on la complétait d'un mois supplémentaire. Le jour avait vingt-quatre heures.

Surtout astrologues, ils se targuaient de leurs présages. Lenormant a analysé les tablettes astrologiques du British Museum. A côté du tireur d'horoscope, l'incantateur ou guérisseur et exorciseur pullulait. L'importance des amulettes et talismans était extrême.

La magie a un double mouvement de défense contre les puissances du mal et d'alliance avec celles du bien ; chez nous, la dévotion aux anges a toujours été parallèle et proportionnelle à la crainte des démons.

La Kaldée était le pays le plus hanté de la terre, à en juger par le nombre des conjurations qui nous sont parvenues ; la peste, la fièvre, les maladies étaient des démons auxquels il fallait opposer les bons génies.

Les esprits élémentaires, les esprits morbides, les esprits de la montagne ou de la plaine remplissent la vie humaine de leurs interventions bénéfiques ou maléfiques : conjurer ces génies, les désarmer par des prières ou les réduire à l'impuissance par des formules, tel a été le souci religieux du bas Euphrate, véritable patrie de la démonologie.

L'humble se gare du diable, cela ne suffit pas aux ambitieux qui se flattent de le vassaliser, et partout il y a superstition, il y a magie (c'est-à-dire une science conventionnelle qui soumet certains esprits à l'homme). Le dualisme qu'on attribue aux Perses se voit bien plus ancré dans l'âme chaldéenne, et, certes, notre moyen âge n'atteindra pas à la laideur effrayante des démons à tête de lions et armés de poignards et à cette figure si puissamment méchante du vent sud-est que possède le Louvre et qui est le plus ancien chef-d'œuvre de la représentation diabolique.

Les diables tiennent une place importante dans l'iconographie du moyen âge : le sculpteur de la cathédrale en a fait sa gargouille et le support des vierges et des saints, l'incarnation des vices. Dans les représentations de l'Église militante le démon, l'adversaire, joue un grand rôle; si Satan ne paraît qu'une fois en personne dans l'Évangile ses noirs sujets montrent fréquemment leur corne.

Le diable médiéval effrayait peut-être son temps, il nous fait sourire, même aux fresques de Pise, tandis que la statuette du Khamsin, au Louvre, fait peur, comme les monstres armés de poignard de Koyoundjick. La méchanceté se manifeste par des accents vigoureux et les combinaisons de formes animales sont intenses. 'Bin, dans un bas-relief de Londres, poursuit, la foudre à la main, un lion à la crinière de plumes, aux ailes d'aigles. L'artiste kaldéen tremblait réellement à la pensée des esprits, au lieu que le moderne fut toujours un peu sceptique.

Sur les cylindres, Nergal (Mars) et Isdubar (Hercule) combattent sans cesse les démons, sous des formes hybrides.

Il y a des formules contre celui qui forme l'image (de l'envoûtement). L'imprécation agit sur l'homme comme un démon; mais la conjuration s'élève surtout contre l'esprit élémentaire. Une brique de Ninive énumère sept grands dieux suprêmes, cinquante dieux du ciel et de la terre, trois cents esprits des eaux et six cents esprits de la terre.

Les Igili (anges) et Announnaki, bons génies, dépendaient des Seds, des Nirgals, des Oustours et des Nattigs.

Le Dieu suit sa ville dans la fortune; quand Our domine, Sin devient le grand dieu, si c'est Larsa, Samas l'emporte.

On retrouve en Kaldée le prototype de nombreux mythes : Istar et Tammuz (Vénus et Adonis), les douze travaux zodiacaux d'Isdubar (Hercule).

Le polythéisme n'est pas un système, mais la forme générale de la croyance chez les êtres d'un certain degré; au plus bas de l'échelle religieuse, tout le monde est polythéiste de pratique, sinon de formule : au plus haut, tous les esprits sont monothéistes, et ce fut le cas du grand sacerdoce oriental.

La religion kaldéenne ou accadienne est surtout une démonologie ou mieux un perpétuel exorcisme. Le Recueil magique de Koyoundjick, que Lenormant compare à l'Atharna-Veda, a pour final d'hymne « Kakama », qui se dit en assyrien « Aman », amen.

Le Sed est le génie bienfaisant, le fameux taureau à face humaine, qu'on appelle aussi « alap ». Le nirgallu se représente par un lion ailé.

L'utuk habite le désert, le mas les montagnes, le télal les villes, le gigim est errant.

D'après la doctrine lue sur les briques ninivites, l'homme est possédé des bons ou mauvais esprits, sans compter les démons de la maladie, l'idpa qui attaque la tête, le Namtar la peste, le Alal malfaisant sur la poitrine, le gigim qui commande aux viscères, le télal qui agit sur les mains.

Le démon revêt trois formes pour persécuter l'homme : le fantôme, le spectre et le vampire. Gelal et Kul-gélal sont l'incube et le succube.

Il existait un nombre mystérieux d'une vertu souveraine. Ea l'enseigne à ses fidèles.

Le nom l'emporte encore sur le nombre. L'idée du nom ineffable et incommuniquable de la Kabbale se trouve ici ; la force du schem n'est pas une idée juive, non plus que l'usage du phylactère.

Les talismans, par conséquent, jouèrent un rôle prodigieux dans la vie du bas Euphrate; chaque cachet porte du reste des figures symboliques et conjuratoires.

Lenormant croit qu'en un coin de la maison kaldéenne une table était servie aux génies pour les rendre favorables; ce qui serait encore une identité avec la Chine.

A tort on a voulu voir le péché originel dans un récit des briques ; en revanche le roi Adra-Khasis, roi antédiluvien, fait à Isdubar le récit du déluge.

Prince de Surippak, Adrakhasis fut averti par Kin (seigneur de l'abîme, Hea, Pluton) de l'intention de Bel : « Fais un vaisseau: la semence des êtres vivants va être engloutie, porte la semence des êtres vivants sur ton vaisseau », il en donne les dimensions. Dans le vaisseau Adrakhasis fait monter les troupeaux du désert, et les hommes dans la force de l'âge. Pendant six jours et nuits régnèrent le vent, l'orage; vers les douze maisons de l'horizon, pas de continent. Le mont Nizir arrête le vaisseau et le septième jour il lâche une colombe qui revint, un corbeau qui ne revint pas.

Il sacrifie aux quatre vents et fait un feu expiatoire sur la crête de la montagne. Mais Bel en voyant l'arche s'emplit de colère contre les dieux cinq et deux, mais calmé par Kin, il plaça Adrahasis à l'embouchure des fleuves.

La cosmogonie commence étrangement, presque scientifiquement : Oppert traduit ainsi :

« Jadis, ce qui est en haut, ne s'appelait pas le ciel et ce qui est en bas, la terre, n'avait pas de nom. Apsu, l'abîme, fut leur générateur.

« Un chaos, la mer, fut la mère, la mère qui enfante. Il y eut des ténèbres sans rayons, un ouragan sans accalmie, jadis les dieux furent sans aucune existence. Un nom ne fut pas donné.

« Un destin ne fut pas fixé ».

Les dieux Luhmu et Lahamu furent créés d'abord.

Un grand nombre d'années passèrent jusqu'à ce que s'augmentât leur nombre.

Le dieu Assur et Ki-Assur.

Le dieu Bel...

Il répartit les mansious, sept en nombre. Il désigna les étoiles qui seraient les demeures des sept *lumasi*. Il créa la révolution de l'année et la divisa en misrat (décades), pour chacun des 12 mois, il fixa trois étoiles (décans).

La religion accadienne est un culte des esprits élémentaires, tandis que celle kaldéo-babylonienne est kouschito-sémitique; mais elles se sont pénétrées.

Les planètes vivent d'une vie animale en leur sphères concentriques, au milieu des nuages et des vents.

Dans l'Aral, séjour des morts, il y a sept cercles fermés par sept portes, les démons y habitent.

Le IX c. de la Genèse donne l'origine de Babylone et de la zigurrat.

1. Sur la terre une seule série dont chaque individu renfermait les trois facultés.

2. Dans leur évolution vers la lumière ils vinrent à la manière d'être Schonguir (?) et s'y arrêtèrent.

3. Ils se dirent : Faisons notre effort pour nous élever, réalisons notre instinct, bâtissons notre doctrine, cimentons nos connaissances.

4. Ils dirent encore : Ne soyons qu'une race et qu'une seule zigurrat s'élève vers le ciel et n'ayons qu'un nom, afin de ne pas être dispersés.

5. Iohah voyant ce dessein de l'humanité de n'être qu'une race et de n'élever qu'une zigurrat.

6. Il dit : voici, ils ne sont qu'un peuple et ils ont tous le même langage, et ils réaliseraient ainsi contre mon verbe.

7. Alors la volonté de Iohah se manifesta, il différencia le langage afin que les hommes ne s'entendant plus, se dispersassent.

8. Et Iohah ainsi les força à peupler toute la terre et à abandonner leur dessein de construire la ville unique, de s'immobiliser.

9. On appela ce moment des grandes exodes, la porte de Dieu (d'Ilou), car à ce moment chaque race ayant sa langue propre se sépara des autres et selon le verbe de Dieu marcha chacune à son destin respectif, par toute la terre.

§ 4. — *La Société.*

Le seul roi d'époque reculée que nous connaissions autrement que par un nom ou cylindre, le patèsi Goudea fut surtout un architecte, il porte sur ses genoux le plan de ses édifices avec le stylet et l'étalon des mesures : ce fut une exception : le bon roi René ne donnerait qu'une fausse idée des autres monarques de la maison d'Anjou, de Naples et de Provence. La Mésopotamie fut aussi superstitieuse que l'Égypte fut pieuse : cela ressort de tous les documents : la magie tient donc une place énorme et différente de la religion.

Les Kaldéens furent plus savants que les Égyptiens, au sens moderne du mot, au sens des mathématiques et de l'astronomie.

Quant à l'Assyrie, ce fut une puissance exclusivement guerrière et qui ne nous a transmis que des images royales ou militaires et quelques scènes d'offrandes. L'autocratie orientale, fantasque et implacablement cruelle, dominait despotiquement; les Sinnakirib mutilent les prisonniers et leur coupent les mains. On voit le roi crever les yeux des vaincus, sur les reliefs.

Le roi, en Assyrie, n'était pas consort des Dieux, mais leur vicaire : il est presque toujours représenté avec un eunuque comme grand-officier, au type plus gros et imberbe : il y avait trois chancelleries, kaldeo-assyrienne, touranienne et araméenne. L'éponyme donnait son nom à l'année. L'insolvable devenait esclave de son débiteur et déjà les Caucasiens vendaient leurs filles aux Assyriens, ces Romains de l'Asie.

§ 5. — *Les Dates.*

Une date certaine est donnée par une inscription d'Assourbanipal ; il reprit les statues divines enlevées à Ereck 1630 auparavant. Cela donne 2295 ans avant J.-C.

Ourkam et Ilgi régnaient en basse Kaldée, à Our, avant l'hégémonie de Babylone. Vers le quatorzième siècle, l'Assyrie domina la Kaldée.

D'après Austin la puissance assyrienne mit fin à la suprématie de l'élément touranien.

Faut-il croire à l'inscription où Assarhaddon prétend avoir bâti 10 palais et 36 temples ?

Un palais inachevé à Nimroud lui est attribué. A en croire la Genèse, la civilisation mésopotamienne aurait devancé celle du Nil : les monuments ne justifient pas cette prétention.

La Kaldée est très vieille : elle précéda la Babylonie.

Le premier empire babylonien périt 2400 avant J.-C. et des rois mèdes, selon Bérose, y régnèrent 224 ans, mais la civilisation du bas-

Euphrate était trop caractérisée pour que le passage des Aryaques pût la submerger. Au reste, la Médie (Madai) comprend toujours une forte part de Touran (Magog), Scythes, des Grecs (Tatars modernes).

§ 6. — *Le Cunéiforme.*

Écriture composée de traits en tête de clou ou coin, ce sont des droites se coupant à angles droits. On l'écrivait sur l'argile humide qu'on cuisait ensuite. Ce que l'alphabet phénicien a été pour le bassin de la Méditerranée, le cunéiforme le fut dans l'Asie antérieure.

La parenté des clés chinoises et surtout des fameux trigrammes de Fo-hi avec l'écriture cunéiforme est évidente. Le cunéiforme fut-il apporté en Mésopotamie ou exporté en Chine? Cette question insoluble encore déciderait bien des problèmes. A Sirtella, on trouve le cunéiforme encore à l'état de hiéroglyphes.

Le cunéiforme est touranien et le touranien accadien. D'où vient l'accadien, d'un pays où il n'y a ni palmier, ni lion, ni grand félin?

L'Accad n'est pas aborigène de la Kaldée, ils

venaient de la montagne. Laquelle ? Les Accads étaient métallurgistes et magiciens.

Quinze siècles avant notre ère, l'accadien était devenu, comme une espèce de latin, une langue savante et sacrée et Assourbanipal au VIIe fit copier les textes comme ceux d'une langue morte.

CHAPITRE II

ARCHITECTURE

§ 1. — *Généralités.*

L'absence de carrières, à proximité, faisait réserver la pierre à quelques parties des édifices, encadrement de porte ou revêtement de mur ; la brique constitue l'élément architectonique, avec du mortier ou du bitume et parfois des filets de roseau. Estampée au nom du roi, la brique donne lieu à des incertitudes par les perpétuelles réparations que nécessite ce mode de construction. La terre de Kaldée ressemble à celle du Nil, comme matière.

La brique crue, c'est-à-dire séchée au soleil, la brique cuite au four, et la brique émaillée sont les matériaux de cette architecture. La pierre ne sert que de revêtement ou de base ou d'encadrement.

L'Assyrie (Resen, Calack, Ninive), plus aisément que la Kaldée, se procurait de la pierre et du bois. Cependant Nabopalassar dut reconstruire Babylone. Diodore parle comme d'une ruine du temple de Bel qu'Hérodote avait vu debout. La Genèse dit : « La brique leur servit de pierre, le bitume de ciment. » La voûte couvrait des salles carrées : elle était en briques crues. Perrot assure que les Assyriens ont su passer de la voûte à plein cintre, à la coupole hémisphérique et même à la coupole elliptique.

A Sippara, il y a des colonnes avec base et chapiteau ; la colonne était en bois revêtu de métal. Elle pesait sur les reins d'un lion, parfois.

La brique émaillée, représentant des motifs ou des personages ou des animaux, a été recueillie abondamment à Korsabad ; souvent les figures sont jaune clair sur fond bleu.

La brique extérieure se revêtait d'un enduit colorié ou blanc. Pour la ziggurrat, le premier étage est blanc, le second noir, le troisième rouge, le quatrième blanc, le cinquième vermillon, le sixième argent et le septième or, selon les 7 lumières de la terre.

La brique émaillée formait des ornements, taureaux ailés.

Place a remarqué qu'un angle de l'édifice est toujours orienté vers le nord vrai, en Kaldée.

tandis que c'est le milieu de l'édifice qui regarde le point, en Assyrie. (Perrot).

Y a-t-il quelque parenté entre la Tour à étages et la pagode ? Celle-ci imite la forme d'une tente et la ziggurrat ressemble à un monticule : il faudrait connaître des types de la Chine primitive : mais là, à chaque étage, un toit débordant se retrousse.

§ 2. — *Le Temple.*

Le temple kaldéen s'efforce dans le sens vertical, au contraire de l'égyptien qui s'étend sur le sol.

La ziggurrat se compose de terrasses en retrait se superposant et terminées par un édicule ; le type accompli est la tour carrée à sept étages mentionnée par les Grecs.

La ziggurrat créait une éminence artificielle dans un pays plat. La description d'Hérodote donne « une tour massive de 185 mètres (un stade), sur cette tour s'en élève une autre et ainsi de suite » ; il décrit ainsi le monument type reconstruit par Nabuchodonosor.

Voyez la restitution Chipiez du temple sur plan rectangulaire.

Le Birs Nimroud, qui n'a plus que 70 mètres,

s'élevait à 185 d'après Strabon. Chaque étage se colorait d'une couleur planétaire. La double rampe a-t-elle existé ?

La tour à étages de Korsabad a été étudié par M. Chipiez (salon de 1879). C'est une pyramide à larges degrés en terrasse. La description d'Hérodote se trouve exacte.

Les bas-reliefs donnent l'image de chapelles à fronton triangulaire, mais la forme du temple est la ziggurrat; la tour de Babel était la plus haute tour de ce genre. On a voulu rapprocher la pyramide, qui est la maison close pour les siècles d'un roi mort, de la ziggurrat où le sacerdoce étudie et sacrifie, observe le ciel pour ses présages et dresse sans doute un autel aux dieux.

Arya ou Sémite, l'homme a commencé ses rites sur les hauts lieux; le Veda en témoigne comme la Bible : or, la Mésopotamie n'offre aucune montagne, il fallut donc construire le bamoth qui n'existait pas dans cette plaine si rase.

On fit d'abord un soubassement très large, une éminence artificielle. Sur cet exhaussement artificiel on éleva des terrasses en retrait avec la brique séchée au soleil ou au four.

L'Assyrie employa surtout le pisé ou l'argile pilonnée dans des formes de bois, qui, en séchant, devient une masse compacte; la pierre s'appliquait comme un lambrissage, par vastes plaques :

on comprend que, malgré l'épaisseur, de semblables murs devaient à la longue s'effriter et produire ces tells informes qui bossuent la plaine de Kaldée par centaines et dont cinq ou six à peine ont été fouillés : Korsabad, Nimroud, Kouyoundjik et Sirtella.

§ 3. — *La Tombe.*

Aucune stèle funéraire, ni aucune figuration relative aux funérailles. On a pensé que les Assyriens se faisaient enterrer en Kaldée, terre sacrée. On conduisait donc les morts notables à Babylone ?

La nécropole de Warka contient plus de cadavres que Thèbes, campo santo séculaire et national. Les Chiites envoient encore à dos d'ânes tous leurs morts vers la tombe d'Ali (huit mille, par an) selon Loftus. On a trouvé des coupes, des écuelles, des cachets.

La descente d'Istar aux enfers découverte aux briques de la bibliothèque d'Assourbanipal, par Smith, nous initie à la notion kaldéenne du devenir.

La Kaldée croyait à l'importance de la sépulture. On a des cercueils en forme de jarre, des tombes à couvercle en claire-voie. L'Ekimmou (*Ka* égyptien) vit dans la tombe et on lui donne de la nourriture et des armes.

L'homme privé de sépulture se venge, en revenant en loup-garou, en vampire, il glisse sous les portes, il vole dans l'air jusqu'au moment où il entre dans l'Aral, enfer indéterminé qui a sept enceintes et sept portes et où règnent Nergal et Allat, « dame du grand pays ».

Velue, avec des serres et un masque de lionne, Allat manie des serpents comme armes ; à la fois déesse des enfers et furie, elle règne despotiquement aux sombres bords.

La Mésopotamie croyait à la résurrection des morts.

L'enfer kaldéen se trouve figuré sur une plaque de bronze trouvée à Hama, dans la Syrie du Nord ; il ne nous est parvenu aucun sépulcre monumental.

§ 4. — *Le Palais.*

Le palais est le monument qui a résisté.

Il pose sur un tertre à terrasse dallée, qui ressemble aujourd'hui à des tertres naturels et qu'on nomme tells : le Birs-Nimroud a encore 65 mètres.

Il n'y a pas de fenêtres, à cause de la chaleur, on recherche une fraîcheur de cave.

Le revêtement métallique avait une grande part à l'effet.

Le palais de Sargon, à Korsabad, est en briques, mais le mur a des pierres appareillées.

Le rempart ninivite a jusqu'à 28 mètres d'épaisseur, avec un crénelage de deux merlons superposés en décroissance.

Il y avait 26 paires de taureaux ailés, et à Kouroundjik, au palais de Sinnakirib, dix colonnes.

Le palais de Sinnakirib, à Koyoundjick, égale en surface le grand temple de Karnack; il avait 26 paires de taureaux ailés.

Celui de Korsabad, le mieux étudié, peut être pris pour type avec ses trois parties : selamlik, harem et khan. Il est construit en briques, mais le mur montre des pierres appareillées.

Il ne nous reste pas de monuments kaldéens; nous devons les supposer, en des restitutions, et MM. Perrot et Chipiez l'ont fait avec maîtrise.

C'est la sculpture qui nous est parvenue de façon imposante.

Les huit statues de Soudéa suffisent à prouver que l'art kaldéen approchait de l'art égyptien.

Mais l'Assyrie (et cela fait douter de son sémitisme) a créé dans le domaine plastique, avec une puissance splendide, et son œuvre est personnelle, indépendante, et elle engendrera l'art perse plus tard. Le bas-relief de Korsabad et de Nimroud est réellement un chef-d'œuvre; ces rois manifestent laplus brutale majesté, les scènes de chasse n'ont jamais été égalées.

§ 5. — *La Maison forte.*

A Uruck, quelques restes de rempart de 15 mètres de haut sur 6 d'épaisseur au sommet : Loflus y a vu des tourelles en saillie, de 15 en 15 mètres.

Selon Maspero, le plan que tient sur ses genoux une statue de Sirtella est une forteresse; c'est aussi un palais. On y remarque les rainures décoratives des maisons égyptiennes.

CHAPITRE III

SCULPTURE

§ 1. — *Le Type.*

« Le type assyrien des bas-reliefs est semi-arabe, semi-persan, avec des angles touraniens au nord et des rondeurs africaines au sud. » (M. FONTANES).

Le Kaldéen se rasait la tête et le visage, au contraire de l'assyrien qui y voyait un attribut de dignité; il était honteux d'être nu; et le vêtement est long, lourd, sans doute voyant et bordé de longues franges, parfois un manteau.

La mitre ronde avec un tour de plumes ou conique avec deux rangs de corne coiffe les dieux et les rois : ceux-ci ont des anneaux de bras, de lourdes bagues.

Il y a deux types dans les bas-reliefs : l'un à

taille élancée, l'autre trapu; l'un dolichocéphale, l'autre à tête globuleuse; l'un au profil arqué, l'autre aux pommettes saillantes et au nez creusé à la base : le premier est l'assyrien proprement dit, et l'autre mongolique ou touranien.

§ 2. — *La Forme humaine.*

Le taureau à face humaine, admirable création qui réunit, de profil, le caractère du bas-relief à celui de la ronde bosse, vu de face.

Combinaison des flancs et des sabots du taureau avec la crinière du lion qui blasonne les deux types du courage et de la force animale; ce type s'augmente de la face humaine mitrée et des ailes propres à signifier l'être surnaturel. Par la tête il pense, par les ailes il peut s'élever au ciel, par les caractères organiques il commande en terre.

Le sphinx est un chat androgyne, il garde en rêvant; le taureau veille et marche.

On doit admirer sans réserve les reliefs musculaires d'une intensité sans égale, et considérer aussi la noblesse sereine, la pensée puissante et bienveillante de cette face si différente du type juif. Ce dernier a un trait dominant, c'est le retour du nez vers la bouche : la courbe assyrienne s'arrondit nettement au lieu de couler.

Les taureaux, monolithes de 32.000 k., de face, paraissent immobiles tandis que de profil ils marchent.

Au Louvre, ils sont placés latéralement, à leur place, ils regardaient l'entrée ; le taureau a cinq pattes afin de présenter les deux aspects complets.

Les taureaux de Kaldée ont tous disparu à cause de la rareté et de la cherté de la pierre : ceux de l'Assyrie n'ont dû leur salut qu'à leur enfouissement.

Un autre type de la statuaire est Isdubar (Hercule) qui a une tête léonine, avec chevelure en crinière ; les cylindres le montrent accomplissant des travaux héraclides. Dans un grand relief du Louvre, Isdubar étouffe contre sa poitrine un lionceau.

Il y a aussi le génie aux ailes éployées tenant des objets d'offrandes, et rentrant dans la catégorie des *seds* ou protecteurs de l'homme.

Sans la trouvaille récente de M. Sarzec qui orne le Louvre, sans les statues de Sirtella, nous ne saurions pas ce que fut la statuaire kaldéenne. Certainement, d'autres ouvrages surgiront, mais ils ne changeront pas l'opinion déjà faite sur une tendance réaliste tout à fait étonnante à une pareille date.

La force physique, la force du muscle n'aura jamais de version plus impérieuse, même chez les athlètes grecs ; l'Hercule Farnèse, malgré son luxe de modelé, ne produit pas l'effet de toute puissance brutale du ciseau d'Assour.

Est-il permis de voir dans les vestiges de Sirtella une antiquité égale à celle de Memphis? Goudéa ne se place pas plus haut que 3000 avant J.-C. Toutefois, le bas-relief des vautours qui tournoient au-dessus d'un amas de cadavres que des hommes en pagnes couvrent de chaux, et l'enseigne à l'oiseau éployé tenu par un homme à mitre basse témoigneraient d'une date plus lointaine que les statues du palais. Les statuettes du musée Britannique ne donnent pas de date appréciable et rentrent dans la rubrique de la Kaldée primitive.

La sculpture assyrienne, comme l'architecture, s'épanouit au dixième siècle, sous Assourbanipal qui éleva le palais de Calach. Le despote asiatique dans son acception de force victorieuse a trouvé là son image idéale. Le pharaon androgyne de Thèbes et le sar brutal de Ninive représentent les deux aspects de la royauté, à un degré tel que, nulle part, on ne retrouve des images aussi impérieuses et définitives : le premier en type mince et nerveux, le second en robustesse, épuisent toute l'idée attachée au sceptre. Sur son char poursuivant l'ennemi ou le lion, ou solennel dans les scènes d'offrande, le sar assyrien est peut-être la plus forte vision plastique du pouvoir absolu : le pharaon, subtil de lignes et doux d'expression, représente plutôt le consort divin, l'homme privilégié qui tire sa puissance de sa race surhumaine : il a des parents célestes et qui lui donnent la victoire ; le monarque assyrien avec ses énormes biceps a sa légitimité dans ses muscles : il réalise le fort chasseur devant l'éternel et la Grèce n'a pas atteint en ses Héraclès l'intensité de puissance physique qui s'accuse ici.

L'art assyrien est un grand art : dans l'interprétation du fauve, c'est le plus grand. Les animaux grecs ou romains de la salle du Vatican ne sont que des bibelots et des presse-papier auprès des panthères blessées et des lions vomissant leur sang de Ninive. De même, les guerriers romains font bien petite figure à côté du rude homme d'Assour, si râblé et si féroce. Le bas-relief assyrien a devancé les Florentins, il a un fond et du paysage, la mer et ses poissons, les arbres des montagnes, le marais et ses roseaux.

Le taureau ailé à tête humaine tiarée, la grande création kaldéenne, est le pendant du sphinx égyptien. Il a le même sens de gardien : corps de taureau, crinière de lion, ailes d'aigle forment un blason d'une force irrésistible.

Le taureau semble marcher et garder le seuil à la façon d'une sentinelle surnaturelle. Avec l'Oannès et l'Isdubar, ce sont à peu près les seuls personnages représentés.

L'arrangement symétrique de la chevelure et de la barbe produit une espèce d'uniformité dans les têtes au nez aquilin, au front bas. Le type ne diffère pas du génie au monarque et au guerrier.

Il y a, au Louvre, huit statues de Goudéa, toutes trouvées dans la cour centrale, les unes debout, les autres assises ; toutes ont les mains unies sur la poitrine et emboîtées l'une dans l'autre ; ce qui devait être une attitude consacrée pour la prière. Sous le turban ou la perruque, la tête est rasée. Les parties nues, épaule et bras droit sont traités, pourrait-on dire, à la grecque : les pieds et les mains minutieusement modelés aux phalanges et aux ongles : quant aux têtes trouvées en même temps et qui ne correspondent pas à ces corps, elles sont d'un franc caractère, mais sans analogie avec le type sémitique, toutes imberbes ou rasées.

On a trouvé à Sirtella une femme jouant de la harpe qui est la plus ancienne figure du sexe en dehors de l'Égypte : le monument est gracieux, le type indiscernable ; les figures d'Istar sont rares et minuscules.

La femme, représentée gauchement par des statuettes et sur les cylindres avec les traits d'Istar, est absente du bas-relief assyrien, moins comprise que la plastique masculine.

La statue de Nebo (Thot), Sargon devant l'arbre sacré, au Louvre, la statue assise de Salmanasar en basalte noir, sont belles.

§ 3. — *Bas-reliefs.*

Le plus ancien bas-relief est celui de Sirtella, au Louvre, où on ensevelit des morts tandis que des oiseaux de proie emportent des membres humains dans les airs.

Le bas-relief assyrien qui s'élève parfois en très haut relief jusqu'à 25 centimètres, est narratif. Commandé par le roi, il ne dit que ses victoires et ses chasses et déroule les annales du règne : les dieux ne paraissent que sous forme de blason dans le disque des étendards décochant une flèche. Groupe d'officiers ou défilé de captifs, prise de ville ou festin après le combat.

Le type diabolique abonde à Kouyoundjick,

des hommes à pattes d'aigle, à tête de lions furieux, les mains armées de poignards. Un spécimen de ce genre est au Louvre.

Le vent du sud-ouest, statuette de bronze du Louvre, est probablement la plus ancienne figure de diable qui existe : exemple de hideur méchante où les formes animales se combinent avec le corps humain de façon vraiment effrayante.

On possède aussi une tête de lionne effrayante ; un chien au musée Britannique.

Ce sont là les prototypes de la diablerie qui s'épanouira dans la gargouille du moyen âge, avec le même principe de la forme animale en relation avec un vice ou un mauvais sentiment.

Le dieu, même avec un corps animal, porte la tête humaine : la tête animale est réservée au démon. Art anthropomorphe, puisque la divinité se représente en couple : le dieu s'accompagne de sa parèdre ou principe passif.

Sin règne à Our, Samas à Larsam ; à Babylone Merodack et Nebo, et surtout Bel.

Assour ne prend le rôle général d'Ammon que tard, à Ninive, et s'égale alors à Iaveh.

C'est au dixième siècle, sous Assourbanipal, que la sculpture assyrienne donnera sa mesure au palais de Calach. Ces bas-reliefs, au musée Britannique, représentent le roi appuyé sur son arc d'une main et de l'autre élevant une soucoupe de libation, en face d'un eunuque agitant le chasse-mouche.

Le roi est aussi musclé, avec biceps redondant, et aussi mâle que le pharaon est mince et presque féminin.

Assourbanipal apparaît à la fois comme un tueur de lions et un lettré. Le palais du Nord à Koyoudjik contenait la copie des vieux textes kaldéens, véritable bibliothèque dont les débris sont au musée Britannique. (V. MENANT, *La Bibliothèque du palais de Ninive*. 1880, Leroux.) L'empire de Sargon et de ses successeurs est essentiellement militaire et conquérant, mais on ne le trouve jamais, habile administrateur, à la façon romaine.

En 632, les Kimmériens comme un Kamsin ravagent tout; lés murailles sauvèrent Babylone et Ninive, et cette formidable razzia opérée, les dévastateurs chargés de butin regagnèrent leurs steppes.

L'Assyrie se présente, à la fin du douzième siècle, avec un bas-relief taillé dans le roc, à Korkhar : Teglathphalasar, debout, tient un sceptre.

Au dixième siècle, s'élève à Calah le palais d'Assourbanipal. Ce sont les bas-reliefs de ce palais qui donnent la plus haute idée du ciseau assyrien.

La stèle de Samasvul, qui porte la croix grecque au col, est un chef-d'œuvre.

Avec Sargon (VIIIe), à Korsabad, la forme moins trapue, la musculature moins abondante avec un relief plus modéré dans l'albâtre.

Les monuments de Sinnakirib offrent plus de détails et d'accents naturalistes ; « le genre et le paysage s'introduisent dans le tableau d'histoire ». (PERROT.)

Au ravin de Bavian, sur une paroi rocheuse, on voit de grands bas-reliefs taillés dans le roc des dieux, les pieds sur des lions et Sinnakirib. Il y a d'autres motifs plus petits.

Layard aussi découvrit une fontaine avec des lions de profil. Place a copié le bas-relief de Mathai bizarrement taillé à 300 mètres d'élévation. C'est une suite de dieux mitrés les pieds sur des animaux, lions et taureaux, pour indiquer leur surnaturalité.

La paire d'ailes étendue portant le disque s'étale sur la corniche égyptienne. L'Assyrie inséra dans le disque un guerrier armé et tiaré que la Perse imita à son tour. Ainsi Atonou (le disque) devint Assour, puis Ahura Mazda.

Oannès, le Dieu civilisateur enseignant, et le taureau ailé sont les seules figures de bonté. Le taureau ailé n'est pas un dieu, mais un ange ou génie, un œlohim, un délégué des grands Dieux, tel le veau d'or que fondirent les Israélites pendant que Moïse était sur la montagne.

Anthropomorphe et réaliste et véritable ancêtre de l'art grec, le Kaldéen se révèle par les statues de Goudea trouvées à Tello par M. de Sarzec. En dehors de cette fouille heureuse, c'est Ninive qui nous a conservé les formes kaldéennes, grâce à l'accumulation de la terre sur les palais royaux.

Le caractère égyptien est subtil et procède d'un dessin au trait sans modelé que la teinte plate achève de réduire à la silhouette.

Le caractère kaldéen est intense, et procède d'un modelé amplifié et d'accentuation hardie.

Les beaux pharaons, Seti, Toutmès, Ramsès, ressemblent à des androgynes et même, quand ils combattent, ils semblent triompher qualitativement.

Sinnakirib en vicaire des Dieux, les rois d'Assour, Assourbanipal et Sargon sont des hommes d'une robustesse prodigieuse, des lutteurs dont le poing est terrible.

En outre, on ne trouve nulle part en Mésopotamie ces reines, ces danseuses, toutes ces femmes voluptueuses de Thèbes ! Au bord du Tigre, la chasse fut le grand plaisir et le chef-d'œuvre du ciseau reste, peut-être, le lion.

La XVIIIe dynastie a pénétré jusqu'à l'Euphrate, Sargon plus tard envahit l'Égypte, mais il n'y eut pas d'influence réciproque.

Les Assyriens, grands chasseurs, sont d'admirables animaliers.

La tête de vache en bronze trouvée à Bagdad et certains cylindres représentent des taureaux.

Mais les chiens d'Assourbanipal, l'onagre courant, lions et lionnes, le lion blessé, et le lion sortant, la panthère aux reins traversés de flèches sont des chefs-d'œuvre où la synthèse du dessin, l'accent fauve et la justesse des mouvements aboutissent à une puissance qu'on ne dépassera pas.

La sculpture ne représente que les génies et les rois. Ici, nul de ces bas-reliefs qui nous fasse assister à la vie des arts et métiers et aux travaux rustiques : il n'est question que de victoires et les scènes se rapportent toutes aux expéditions militaires.

L'invention se montre plutôt au Bestiaire. Dans un bas-relief d'Assourbanipal on trouve le cheval ailé, ailleurs le griffon ; au musée Britannique un centaure.

Cylindres.

« Les Babyloniens ont chacun un cachet, » dit Hérodote, avec lequel ils signaient. Furent-ils d'abord des amulettes ou le devinrent-ils ? Ce sont des cylindres de 3 ou 4 centimètres gravés sur la partie convexe et percés entièrement pour être suspendus ou recevoir une monture les rendant facile à manier. Le roulement du cylindre sur une matière molle ou humide donne un bas-relief, à peu près toujours talismanique. Le musée Britannique possède 600 cylindres et notre Bibliothèque nationale à peu près autant. La gravure est en creux. Les plus anciens sont des calcaires, plus tard on travailla sur pierre fine et on choisit la pierre suivant sa valeur magique.

Tantôt un génie tient en respect deux animaux symboliques, tantôt Isdubar, avec son écuyer Héa Bani, accomplit un exploit ou bien des scènes d'adoration et d'offrande.

Le cylindre assyrien semble reproduire un bas-relief, surtout sous les Sargonides, il est plus plastique et moins chargé de signification mystique. Inutile de dire que cette glyptique se borne à l'intaille et ne s'éleva pas jusqu'au camée.

Le commentaire des cylindres fournira un jour des clartés sur la religion. Le sceau d'Ourkam en lapis-lazuli montre un Dieu à barbe assis.

Un pays en razzias perpétuelles comme l'Assyrie devait s'adonner au luxe. La beauté du meuble assyrien se trouve vantée dans la Bible. Les trônes et les fauteuils royaux incrustés de bronze ciselé et d'ivoire correspondaient à la beauté des broderies qui étonne aux planches de Layard et il ne faut pas douter qu'Hérodote ait vu à Babylone des statues d'or massif. Pendant les trois siècles de la puissance assyrienne les matières précieuses affluèrent à Ninive.

L'art kaldéo-assyrien fut transporté, comme toute la culture, de Babylone à Ninive où il a fleuri, grâce à la puissance des rois.

Mais on ne se rend pas aussi bien compte de l'extension esthétique de la Kaldée que de celle de l'Égypte.

Cependant le sceau d'Ursaka, roi de l'Ararat, adversaire de Sargon, copie un cylindre; la Syrie et la Palestine n'eurent pas d'autres modèles et l'Asie Mineure a transmis son enseignement aux Hellènes. La Susiane où on employait l'écriture cunéiforme donna son art à la Perse.

Sous les Acheménides les formes sont empruntées à la Babylonie, pour les monuments comme pour les cachets. La silhouette sculptée d'une ville susienne est identique à celle d'une cité kaldéenne.

La notion d'infériorité des races touraniennes est une erreur. Les Tibaréniens et les Chalybes auraient été civilisés et artistes, à la période du bronze, et auraient influencé même le nord de l'Europe, avant l'expansion phénicienne?

L'Oannes, le dieu amphibie qui sortit de la mer Érythrée et vint sur la plage de Babylone pour enseigner les hommes, durant le jour, leur laissa un livre. Cet initiateur était-il touranien? En éclairant ce mythe, la plupart des obscurités disparaîtraient. L'Égypte ne nous donnera plus que des répétitions de ce qu'elle a déjà livré; les tells de la Kaldée nous restitueraient la seconde page de l'humanité. N'est-il pas étrange qu'aucun de ceux qui, en Amérique, donnent des millions pour des universités, ne commandite une expédition en Mésopotamie?

Babylone fut l'entrepôt des caravanes d'Orient et d'Occident: les produits de l'Asie se centralisaient là, mais elle fabriquait les tissus de laine et de lin, les bijoux, les amulettes. Il faut prendre garde que la Phénicie fut l'unique agent de propagation et d'échange. A mesure que les découvertes se font, le rôle du Phénicien se réduit, même comme entremetteur d'idée et de forme. D'après Lenormant (*la Monnaie dans l'antiquité*), la Babylonie aurait inventé la lettre de change.

BOTTA, *Monuments de Ninive*, 1849.
LENORMANT, *la Langue primitive de la Kaldée*, 1875.
LENORMANT, *la Magie chez les Kaldéens.*
PLACE, *Ninive et l'Assyrie.*
OPPERT, *Expédition en Mésopotamie.*
LOFTUS, *Susiana and Chaldea.*
LAYARD, *Discoveries.*
RAWLINSON, *Five great monarchies.*
MENANT, *Essai sur les pierres gravées.*
HEUZEY, *les Fouilles de Kaldée.*
PERROT, Fouilles de M. de Sarzec (*Revue des Deux-Mondes*, 1er *octobre* 1882).
RABELON, *Manuel d'Archéologie Orientale.*
HEUZEY, *Un Palais kaldéen*, 1888.
DE SARZEC, *Découvertes en Kaldée.*
LEDRAIN, *Appendices à l'Histoire d'Israël.*

TROISIÈME PARTIE

LA CHINE

CHAPITRE PREMIER

GÉNÉRALITÉS

§ 1. — *Le Pays.*

Borné au sud et à l'est par la mer, à l'ouest par des montagnes, au nord par des déserts, ce pays forme un cercle de 600 lieues de diamètre destiné par la nature à une évolution isolée. Le climat, sibérien au nord, torride au midi, voit également des rennes et des éléphants.

Les faits. — Révélée à l'occident par Batou Khan (1240) qui prit Moscou et détruisit Cracovie, la Chine était si indéterminée que Colomb crut aborder au Cathay de Marco Polo.

Cathay ou Kitaï ressemble singulièrement aux Khetas, Hettéens. Thsina (China) est un mot hindou; le véritable nom est Tchoung-Koué, empire des hommes du milieu (de la terre).

Le premier dictionnaire chinois est de 1813.

§ 2. — *La Race.*

Les trois Hoangs dont les uns avaient un corps de serpent, les seconds un visage de fille et les troisièmes un corps de dragon, mènent aux périodes Ki, dragons à têtes humaines.

A la septième période Ki, les Troglodytes, sortirent des cavernes et les lacustres s'établirent sur terre.

A la huitième, les chars royaux s'attelaient de six licornes.

A la neuvième, Tsang-Kie invente les caractères.

Fo-Hi (3468 av. J.-C.) de Ho-nan, inventeur des huit symboles, trois lignes formant soixante-quatre combinaisons (cunéiformes). Il les traça sur le dos d'un dragon qui sortait d'un lac (Oannès de Kaldée). Le dragon volant composa les livres; le dragon qui se cache fit le calendrier, le dragon sédentaire garda les bâtiments, etc.

Fo-Hi était fils de Hoa-sse (fleur espérée); elle fut fécondée en marchant sur la trace du grand homme. Fo-Hi a des cornes com c Moïse. Il eut une sœur, son épouse et vierge tout ensemble.

Chin-Noang (3218) instaura l'agriculture et la médecine ; il connaissait l'aplatissement de la terre aux pôles.

Hoang-Ti (2637), il fondait des cloches.

En 1767, l'empereur fit établir la chronologie nationale par les Han-lin et on établit comme première date 2637.

Le Souverain suprême Chong-ti eut un temple.

Loue-tseu, femme de Hoang-ti, enseigna au peuple l'art d'élever les vers à soie.

Chao-Hao (2597), il y eut une nouvelle musique et les lettrés prennent pour emblème le Toung-hoang (phénix).

Yao, il donne son nom au premier des Kings.

On peut voir à la Bibliothèque nationale le Li-taï-ki-sse, 100 volumes in-folio imprimés à Péking.

Chun recommanda les cinq devoirs du père, des enfants, du roi, des époux, des vieillards et des amis.

En 2255, Chun examine l'instrument orné de pierres précieuses qui représente les astres (sphère céleste) et le tube mobile qui servait à les observer. La grande cérémonie commença par la musique à neuf parties (Siao-chao).

Il visite les quatre montagnes Yo (aux points cardinaux) et sur chacune, il offre des sacrifices; il abolit la mutilation.

Le nombre cinq : cinq devoirs ; cinq habits ; cinq supplices.

Sous Haong-ti (2637) un étranger vint du sud, il montait un cerf blanc et offrit une coupe et des peaux.

Sous les Hia (2205) des insulaires apportèrent des vêtements brodés de fleurs.

Sous les Chang (1785), les Youe-Yéou de l'est, aux cheveux courts, aux corps tatoués apportèrent des caisses de peaux de poissons, des épées courtes.

Sous les Tchéou, les communications furent ouvertes avec huit nations barbares.

Les œuvres d'art de la Chine s'appellent pour nous des magots et les savants n'ont pas mieux accepté ses autres titres à notre estime.

Hegel estime qu'il vaudrait mieux pour la réputation de Confucius que ses ouvrages n'eussent jamais été traduits.

En France, on a sur la Chine un jugement de matelot ou de collectionneur, on se moque de traits tartares ou mandchous, ou on ne voit de ce vaste empire qu'une tasse de porcelaine.

Confucius n'est ni un réformateur, ni un fondateur, ni un philosophe, c'est simplement le collectionneur de la tradition. Bibliothécaire sous la dynastie des Tchéou, il compulsa les archives de la race et il en donna une rédaction pieuse, un abrégé des livres de la doctrine sacrée immuable, livres par excellence. Il propagea l'ancienne doctrine.

De son temps, il n'existait plus que deux morceaux de l'ancienne musique et en les entendant son émotion fut telle, qu'il garda deux mois le lit.

§ 3. — *Les Idées.*

Pas de révélation : les sages découvrent la vérité par l'opération de leur génie. Sauf les dragons de la période primitive, point de fables. Un ministère des Affaires célestes, sacerdoce astronomique.

L'inscription de Yu, sur un rocher de Hong-Chou (182, Haller), est en vieux caractères Ho-Téou, *à forme de tétard.*

2278. Chars magnétiques, comme leurs boussoles montrent le sud.

Le Tao de Lao-tseu examine l'origine des formes matérielles, tout vient du Tao ou Raison suprême ; les sans-culottes ne savaient pas qu'ils pensaient en chinois.

On a tiré un culte et un sacerdoce de cette philosophie: «Celui-là seul est éclairé qui se connaît ; fort, qui se dompte; riche, qui connaît le nécessaire. »

Confucius (Khoang-fou-tseu, 551 av. J.-C.). Le mot de charité est répété plus de cent fois dans le Lun-You, 500 ans av. J.-C. (PAUTHIER.)

Meng-tseu dit : « Les sectateurs de Yong proclament: « tout doit se rapporter à nous; ceux de Mé, nous ne distinguons point entre les êtres, de hiérarchie », et il les blâme.

On lui éleva un temple, en 1005 de J.-C. et on plaça sa statue dans le temple de Confucius.

La Chine primitive est monothéiste : mais elle conjure les esprits élémentaires, particulièrement ceux des montagnes. La notion philosophique de la sagesse tient chez elle la place de la piété et des dévotions : elle était toute préparée au bouddhisme. On observe trois courants chez les jaunes, l'astrolâtrie, le culte des ancêtres et le rationalisme : ce sont ces deux-là qui ont prévalu : leurs livres sacrés ont un caractère moralistique sans mysticisme.

En Chine, l'empereur est toujours orthodoxe, en tant que souverain il est grand pontife et il conserve la tradition même si dans son privé il est bouddhiste comme les tatars mongols.

Les Génies tutélaires et les mânes ne constituent pas un polythéisme, le Chinois adore le Chang-ty, suprême seigneur, comme il brûle du papier-monnaie aux obsèques pour payer les dettes du défunt dans l'autre vie.

De temps immémorial, l'empire a eu sept historiographes qui se sont renouvelés sans interruption.

Le Y-Kin est une genèse, le Chou-Kin est un livre d'exemples historiques ; le *Ly-Ky* donne les devoirs professionnels.

Or, il faut remarquer que les *Kin* sont d'une rédaction antérieure à l'exode de l'Asie centrale.

Le Y-Kin, livre des changements (le livre du passage perpétuel du repos au mouvement, le livre des générations et des corruptions) commence par une période d'harmonie. « Alors le ciel et la terre avaient chacun la place qui leur convient et la terre était soumise au ciel et le ciel protégeait la terre : entre eux une douce et continuelle correspondance.

« Une femme à longue barbe a été le principe de nos malheurs. Ce désordre n'est point venu du ciel, il est venu de cette femme. C'était à l'homme à observer la justice ; la complaisance pour la femme le précipita. Sa ruine se lia avec l'arbre aux trois mains. »

Il y a aussi la tradition d'un suprême Seigneur Chang-ty qui entraîna dans sa chute neuf troupes;

§ 4. — *Les Dates.*

Les Chinois sont les inventeurs de l'astronomie, au même titre que les Kaldéens. Ils divisaient la sphère selon les saisons en quatre grandes constellations. L'orient est le dragon ; l'occident, le tigre ; leurs têtes à l'est, leurs queues au nord. Ceux du midi forment la figure d'un oiseau et ceux du nord d'une tortue, la tête est à l'ouest et la queue à l'est. Les Chinois vivant sous le 35e degré de latitude boréale, pour fixer l'époque où ils symbolisèrent la sphère, il faut remonter au temps où la colure équinoxiale du printemps passait au Scorpion, 250 degrés de l'écliptique : en rétrogradant selon la précession des équinoxes, cela donnerait l'an 16916 av. J.-C.

Quand on distingua les étoiles levantes et couchantes, on leur donna des noms. Il y eut une troisième division astronomique pour les nouveaux astérismes et celle-là est de 4000 avant J.-C. Le premier empereur historique est de 2852 av. J.-C.

Les Chinois croyaient à des déluges périodiques ; « la tribu aux cent familles, le peuple aux cheveux noirs », ainsi ils se désignaient.

L'âme se compose du *ling* ou intellectualité et du *houen*, affectivité, d'après le Père Hue. Leur psychologie ne diffère pas de la nôtre, mais leur société basée sur la famille ne tient aucun compte de l'individu. La perfection matérielle où ils sont arrivés très tôt dans tous les arts mineurs correspond à un utilitarisme de race qui ne se dément à aucune époque. 2200 avant notre ère, il y avait une intendance de la musique. Le livre des rites dit : « Étudiez avec soin la musique : c'est l'expression et l'image de l'union de la terre avec le ciel. Avec les rites et la musique, rien n'est difficile dans l'Empire. »

246 avant notre ère, Thsin-Chi-Thoang-ti fit détruire tous les monuments des précédentes dynasties et construisit la grande muraille. Elle a six cents lieues et va de la mer Jaune à l'extrémité de Chin-Si.

Elle est faite de deux faces de mur chacune d'un pied et demi d'épaisseur dont l'intervalle est empli en terre. Elle est crénelée et flanquée de tours : la fondation est en pierre de taille jusqu'à la hauteur de 6 pieds ; chaque 500 toises, une tour carrée.

CHAPITRE II

ARCHITECTURE

§ 1. — *Généralités.*

La Chine sacrifia d'abord sur les montagnes et construisit en bois ses palais ; traditionnelle comme on la connaît, elle conserve encore ses formes primitives; la plus caractéristique est la pagode, tour polygonale à treize ou quinze étages, correspondant chacun à une zone spirituelle : si ce genre a quelques relations avec la ziggurrat, cette tour carrée à étages, ils sont difficiles à établir.

§ 2. — *Le Temple.*

Nous avons le dessin et la description du temple de la lumière (Ming-tang) sous les trois premières dynasties Hia, Chang, Tcheou.

Sous les Hia, le temple composé de cinq salles n'avait aucun ornement, l'escalier de l'entrée avait neuf degrés. Sous les Chang, ces cinq salles étaient soutenues par des colonnes et surmontées d'autres colonnes qui supportaient un second toit.

Sous les Tcheou, on revint à la simplicité primitive, il n'y eut ni colonnes, ni toits élégants.

Le temple des purifications fut élevé par Tcheou Koung.

Aucun pays ne possède des annales aussi complètes, aussi lointaines, ni une littérature aussi riche. Malheureusement, les édifices en bois ne durent pas et l'empereur Hoâng Ti, au troisième siècle, au lieu de marteler le cartouche des prédécesseurs et de le remplacer par le sien selon la mode pharaonique, fit démolir les grands ouvrages.

Lord Matcarney faisant son grand voyage de Canton à la Tartarie fut reçu par l'empereur dans une véritable tente. A peine vit-il quelque différence entre elle et les édifices qu'il avait considérés par milliers. La tente est le type architectonique des jaunes : un palais ressemble à un groupement de tentes et la tour elle-même n'est qu'une superposition de tentes. La résidence impériale donne à peu près les lignes d'un campement : le pilier de bois sans chapiteau ni base porte un toit convexe qui se retrousse et se prolonge à ses angles. Le second caractère est de tendre à la forme pyramidale. Le temple très petit n'a qu'une chambre (*ting*) sur une cour et des galeries.

Les édicules commémoratifs (*miao*), sortes de pavillons à perrons et à balustrades et les tours polygonales (*toa*) dédiées aux esprits, à six ou dix étages en retrait, constituent, avec le temple réduit à la cella, l'architecture chinoise. Cependant, on ignore communément que la grande muraille se développe sur six cents lieues, crénelée et flanquées de tours, offrant à ving-cinq pieds de hauteur l'épaisseur nécessaire au passage de six cavaliers marchant de front. Un certain M. Barrow a calculé que les matériaux employés suffiraient à entourer notre globe de deux enceintes de six pieds de haut sur deux d'épaisseur.

§ 3. — *La Tombe.*

Les annales racontent que l'empereur Tsin se fit creuser une montagne « jusqu'aux trois sources » et qu'il la surmonta d'un mausolée de cinq cents pieds ; ce qui amena une révolution. On peut citer le pont Loyau avec ses trois cents piles couvertes de l'une à l'autre par des linteaux monolithes.

Les Chinois ont su faire grand et même énorme. Ni les remparts de Babylone, ni les pyramides, ni les ponts romains ne l'emportent sur la grande muraille, le tombeau de Tsin et le pont Loyau. Mais l'utilité ou la folie d'un despote seules leur firent entreprendre ces travaux. Leur goût ne s'émeut pas au grandiose : ils recherchent la sveltesse des profils et la légèreté des proportions. Pour nous, leurs édifices ne sont que des édicules, des kiosques ou des pavillons, des fantaisies propres à orner un coin de parc. Ce qui leur donne leur aspect monumental à nos yeux est une polychromie violente, tuiles vernissées, plaques de porcelaines et enluminures criardes.

Une civilisation, qui conserve pour ses temples la forme initiale de l'habitation, la tente du nomade et du pasteur, ne cherchera jamais la ligne plastique, c'est-à-dire l'idéalisation du corps humain. Nous ignorons les œuvres antérieures à l'expansion bouddhique.

CHAPITRE III

SCULPTURE

La Chine a créé une figure analogue au sphinx du Nil et au taureau à face humaine de Babylone : le dragon. Il orne l'étendard du pays, et la poitrine impériale, il veille au seuil des temples. Parfois il ressemble au crocodile avec beaucoup plus de souplesse, souvent il présente une face et un corps léonins avec une queue ophidienne et s'apparente avec nos gargouilles et tarasques. Mais il ne figure pas le mal comme dans la symbolique médiévale, c'est plutôt l'Agathodémon, il correspond au rôle multiple, justicier mais aussi sauveur, de l'ange chrétien ; c'est le gendarme céleste suivant la formule, « que les bons se rassurent et que les méchants tremblent » à la vue du monstre protecteur de la justice et terrible au criminel.

Les portraits traditionnels des grands philosophes Fo-hi, Lao-Tseu, Meng-Sev, Confucius sont admirables et laids.

La Chine se présente à nous avec ce qu'il y a de plus durable et ce qu'il y a de plus fragile, tenant d'une main ses bronzes et de l'autre ses porcelaines ; et en ces deux arts, supérieure à toutes les races, car la porcelaine pour sa délicatesse de la matière et de la couleur, et la fonte pour l'inaltérabilité, sont l'apogée de la poterie et de l'art du métal.

On peut dire que les Chinois ont tout trouvé, même l'imprimerie sous la forme de planches xylographiques : et comme ils ne paraissent à aucune époque avoir reçu de leçons étrangères, que leurs inventions sont plus anciennes que les similaires des autres nations, son histoire restera incompréhensible jusqu'au jour où on aura apparenté ce peuple étrange, et d'abord établi les rapports du Tri-gramme de Fo-hi avec le cunéiforme sumérien.

Avec la civilisation de la Kaldée, on peut découvrir une relation de race et de langue.

On ne connaît aucun ouvrage chinois antérieur à la deuxième dynastie (1766 avant J.-C.), mais les antiquités de cette époque sont d'un procédé tellement accompli qu'on ne peut refuser d'y trouver la floraison d'un art bien antérieur.

L'empereur Kien-Loung a fait publier quarante-deux volumes in-folio sous le titre de *Mémoires des antiquités de la pureté occidentale.* Il y en a un exemplaire à la Bibliothèque nationale. On y voit 1444 vases. Ce sont en général des tripodes de sacrifices; les vases à vin ont des nuages et le tonnerre peints sur leur panse.

Un porte : *Le Prince Lou a fait hommage à Wen-Wang de ce vase d'honneur.* Car Wen-Wang est le fondateur de la troisième dynastie : cela nous donne à peu près l'époque de la guerre de Troie. Ce vase présente le même méandre que les vases étrusques. Un autre porte ce vœu : *Dix mille années sans violence.* Le fondateur de la dynastie Hia (2250 av. J.-C.) fit fondre un lingot d'or et en fabriqua des vases qui furent consacrés à des divinités et à des esprits.

Les bronzes sont les plus anciennes œuvres chinoises et de date certaine; c'est à eux qu'il faut demander le secret de cette race d'une esthétique si singulière et qui ne peut rentrer dans aucun des groupes de l'Orient classique. Tout l'Orient, de l'édifice au pot, semble un acheminement à la perfection grecque. Le Tchouang Koë reste à l'écart, et sans relations avec les autres.

Aucune race ne donne une impression d'indépendance artistique comparable. Il semble que le panneau a été peint d'inspiration sans souci de règles ni d'écoles. On ignore que l'atelier du peintre comprend une quinzaine de calligraphes ne faisant qu'une forme, comme le chanteur russe ne donne qu'une note; la feuille de soie vole de mains en mains. L'un trace l'oiseau, l'autre indique le bambou, un troisième ajoute les nuages, un quatrième les montagnes, un cinquième les insectes. Si on examine chaque forme elle est autochtone : c'est le poncif immémorial, un poncif qui a quatre mille ans. Ce dessin de prestidigitateur, ces virtuosités de maître d'écriture donnent aux ouvrages de là-bas un caractère artistique frappant. On peut dire que la camelote chinoise est la première du monde et que cet objet de bazar ressemble à un objet d'art.

Le pavillon rétrospectif de l'Exposition de 1900 nous a révélé, quelque chose de l'art japonais outre le bronze de Nara qui égale le fameux sheik du musée égyptien, des représentations infernales d'une fantaisie merveilleuse. Les diables du Campo Santo de Pise, les diables de Bouts, les diables de Callot et de Goya sont vraiment de pauvres diables, à côté de ceux qu'enfanta l'imagination nipponne; quelle férocité chez les tortionnaires et quelles notations de souffrance chez les damnés. Aux diableries, on doit joindre les scènes voluptueuses, pour leur accent douloureux qui évoque, maintes fois les âpretés de Baudelaire. Souvent l'expression se coagule aux extrémités et ce sont les orteils qui expriment, par leur contraction, l'état d'âme du personnage. Sauf pour les démons, les faces souvent immobiles ne manifestent que de la subtilité et des nuances de la pensée. De là sans doute est née cette assertion de M. Fenollosa, qui déclare avoir vu au Japon des peintures chinoises égales aux Léonard et aux Van Eyck. Si l'on pense au portrait d'Arnolfini et de sa femme, cela peut s'admettre. Le docteur Scheuring de Kranach, ou l'homme à l'œillet de Iéan Van Eyck pourraient être des œuvres jaunes; la laideur des modèles assimile aux magots ces excellents portraits.

Ce que nous admirons dans Holbein, l'exacte notation physionomique, se trouve à profusion dans l'art d'Extrême-Orient. En face d'une plante, d'un insecte, d'un oiseau, le jaune l'emporte sur l'artiste latin, par une méthode sûre où le réalisme et l'idéalisme se confondent : l'exaltation des caractères. Le mouvement d'une arachnide, le coup de nageoire d'un poisson, les diverses phases du vol, comme l'élancement d'une tige, le sens d'un féuillage et le galbe d'une fleur n'ont jamais été réalisés pareillement, si ce n'est par Léonard de Vinci dans ses manuscrits. Dans ce domaine, les chefs-d'œuvre sont innombrables.

L'homme partout crée à son image et ressemblance. Comparez les Évangélistes de Durer avec ceux de Fra Bartolomeo et les nus de Rembrandt avec ceux du Titien. La différence intellectuelle entre Florence et Nuremberg, entre Venise et Amsterdam ne paraît pas profonde ; et Durer, Rembrandt, Fra Bartolomeo et Titien avaient une culture assez semblable. Ce qui rend leur œuvre si différente, c'est la forme environnante, le modèle qu'ils avaient sous les yeux d'abord, et leur propre forme ensuite. Immémorialement, l'œuvre même, si elle ne ressemble pas au milieu ressemble à l'artiste. Or le type jaune a le crâne rond, les pommettes très saillantes, les joues remontent vers la tempe et, l'angle visuel suivant ce mouvement, les paupières bridées au repos sont mi-closes. Le nez s'écrase à la racine, le menton est court et le poil rude et noir. Au contraire notre race se caractérise par l'ovale de la tête, l'œil horizontal et très ouvert, le nez saillant sans épaisseur, le cheveu souple et bouclé.

La race Aryenne a porté son effort sur l'interprétation du corps humain, considéré en lui-même, en dehors de toute action. Nos chefs-d'œuvre sont des rythmes plastiques, des travaux sur les proportions, des versions de la forme au repos, abstraite, et notre beauté classique ne signifie que la perfection de l'être humain. Pour caractériser notre génie, il suffirait de choisir une belle académie.

La race jaune, essentiellement pittoresque, n'apprécie que le corps en mouvement et réserve l'immobilité à ses sages et à ses Dieux. Depuis vingt-six siècles le Bouddha est le grand thème de l'art jaune. Chose singulière, on lui attribue les traits de la jeunesse et ceux de l'androgyne. Ce beau jeune homme rayonne d'un charme à demi féminin : il est logique qu'étant dans sa contemplation au centre même des choses, il soit plastiquement au centre des formes.

Seule, la madone, au temps de la Renaissance, a été l'objet d'une pareille transcription plastique; toutefois les artistes jaunes disposaient d'un thème aussi peu naturaliste qu'il est possible : un homme assis au centre d'un lotus colossal ou à l'ombre de l'arbre Bo, faisant un geste sans pathétique, seulement idéogrammatique et souriant. Sur ce thème paisible, des variantes ont été brodées d'une multiplicité incroyable.

Le sourire des statues bouddhiques est, après

celui du grand sphinx, l'expression la plus complexe qu'on ait réalisée. Sa paix consciente, profonde, conseille aux hommes d'apaiser leurs vaines agitations et de fermer leurs sens aux illusions funestes de ce monde. L'admirable loi du Karma qu'enseignait Éleusis, cette version consolante de la fatalité qui rend à l'homme toute sa dignité se lit sur cette face heureuse, où l'intelligence seule vivante est figurée par une pierre brillante incrustée au milieu du front comme l'étoile du libre devenir.

Des japonisants enthousiastes ont voulu défendre l'originalité du Nippon en face du Chinois, en prenant texte de certains rapports entre l'œuvre japonaise et les objets trouvés à Hissarlick. Il existe un rapprochement plus curieux : la grecque, ce méandre qui passe pour un motif aryen, se trouve sur les vases de la dynastie Chang, au seizième siècle avant J.-C. !

Paris possède trois musées de l'art jaune, celui du Louvre, le musée Cernuschi et le Musée Guimet. L'impression qu'on en rapporte est la même qu'on éprouve dans une boutique de chinoiseries ; on trouve partout un niveau d'art, une moyenne que les collections occidentales présentent rarement.

L'objet de basse époque et l'objet de deux sous appartiennent encore, malgré la vileté de la matière et l'exécution industrielle, au même parti esthétique. Entre le kakémono et le crêpon, il n'y a pas l'effroyable distance de l'aquarelle d'amateur avec notre chromo de bazar. Cette permanence du caractère esthétique, à tous les degrés de la production, démontre que le jaune possède une méthode excellente, puisqu'elle permet à l'industrie de conserver un aspect artistique. Actuellement, nous avons des artistes et point d'art : dans les salons, d'un cadre à l'autre, l'excellence succède au néant ou *vice versâ*. Faute d'un enseignement, l'individu seul existe, la masse des productions, ce qui fut autrefois l'école, n'ayant aucune règle qui suppléc au tempérament et à la vocation.

Il y a dans l'art une vie moyenne qu'entretient l'assimilateur : celui-là, qui n'a pas reçu l'influence secrète, doit imiter ou mal faire. Imiter pour nous, c'est copier une œuvre précédente ; imiter pour le jaune, c'est employer une règle à la découverte de nouvelles combinaisons. L'esthétique chinoise dira : « Avant de regarder l'animal, considère son ombre ». En effet, l'ombre portée donne caricaturalement l'aspect prédominant. Notre art du blason d'où sont sortis les éléments de l'ornementation romane avait la méthode nipponne, parce que le primitif trouve dans son instinct la voie féconde.

Le sens idéographique des représentations ne nous échappe-t-il pas généralement ?

Un pays, où l'empereur accomplit les rites de trois religions coexistantes sans préjudice du culte des ancêtres fort mal connu et où les sociétés secrètes et initiatiques pullulent, résiste presque invinciblement à notre critique, mais, d'autre part, il nous offre des encyclopédies en trois mille sept cents volumes, qui contiennent la théorie de tous les arts et particulièrement celle du dessin.

Il est fort bizarre que la chinoiserie n'ait pas été étudiée dans ses poncifs si caractérisés et qui dénoncent un enseignement invariable depuis la plus haute antiquité. On a voulu voir l'ouvrage de la fantaisie là où se montrait une méthode rigoureuse. La matière précieuse, l'exécution patiente, le caractère de luxe et de rareté ont fait tort à cet art systématique. Nos habitudes de sensibilité nous empêchent de reconnaître les idées sous leur forme orientale ; nous ignorons la symbolique du Jaune, comme l'Orient ignore le coq gaulois, le triangle de la Trinité, la main du Père, l'Agneau divin et la colombe du Paraclet. L'art illustre toujours un texte et nous ne connaissons pas la *légende dorée* qui inspire l'artiste jaune.

QUATRIÈME PARTIE

LES SÉMITES

PHÉNICIE — JUDÉE — ARABIE

I

PHÉNICIE

CHAPITRE PREMIER

GÉNÉRALITÉS

§ 1. — *Le Pays.*

Soixante lieues de côte sur quelques lieues de large, contrée montagneuse, sol calcaire assez tendre pour que la maison d'Amrit soit toute entière découpée dans le roc ; une quinzaine de villes toutes séparées de la Syrie par le Liban : Arad, Marath, Gebal (Byblos), Béryte (Beyrouth), Sidon (Saïda), Tyr (Sour), Joppé

(Jaffa), Béryte et Gebal furent d'abord ; quoique la Bible appelle Sidon « le premier-né de Khanaan » qui eut pour rivales Arad et Sour.

Toutefois, la Phénicie n'est pas plus contenue dans ces cités propres que l'Angleterre dans son île, et quoique ses colonies n'aient été que des comptoirs, c'est-à-dire des stations de radoub, d'entrepôt, ou de négoce, on les trouve répandues sur toutes les côtes de la Méditerranée et dans des villes très avancées dans l'intérieur des terres, comme Carcassonne en Languedoc qui paraissent à base punique (Carcago, Carthage).

La Phénicie a élevé des temples à Malte, à Rhodes, on la retrouve en Sicile, en Sardaigne, sur la côte hellénique et italique : il faut suivre ses bateaux et faire escale avec eux plutôt que de s'attarder aux métropoles syriennes. L'intermédiaire n'existe que par rapport à deux autres personnes et le Phénicien aussi ; par lui-même, il ne représente rien.

§ 2. — *La Race.*

Les *Pæni* des Romains, le Pount des Égyptiens, les Hycksos qui s'abattirent sur l'Égypte et ceux qui s'établirent sur la côte syrienne sont semblables. Ce seraient des Kouschites, des fils de Kham; mais leur langue est sémitique? Au temps de David, la Phénicie était déjà puissante, puisque l'architecte et les ouvriers, une partie des matériaux sont demandés par Salomon au roi de Tyr. Renan a vu, dans le Phénicien, le frère de l'Hébreu.

Au vingtième siècle avant J.-C., Sidon, Tyr, Jaffa, Béryte (Beyrouth) et Gebal (Byblos) étaient les plus anciennes, Sidon (pêcherie), surnommée la fleurie, et Tyr (séparée du continent par un détroit de 1.000 mètres) l'emportaient. Pour la prendre, dit Renan, Alexandre dut la réunir à la terre par un isthme comme le sillon de Saint-Malo.

Malgré que la Bible fasse le Phénicien descendant de Cham, il a joué un rôle trop identique à celui du juif pour qu'on n'affirme pas son caractère sémitique. Au reste, Salomon et Hiram se traitaient fraternellement, Achab épousa Jésabel de Sidon.

L'évolution phénicienne devança la juive; et toujours le juif emprunta aux Phéniciens sa main-d'œuvre et même ses rites dépravés. L'identité de la langue et du type et même des facultés sociales constituent une preuve de parenté plus forte que la classification de la Genèse qui fait très illogiquement du Phénicien un fils de Cham.

§ 3. — *Les Idées.*

Elles paraissent empruntées à la Kaldée. Les Dieux ont une parèdre, à côté de Baal on trouve *Baalat*. Molock est une mauvaise lecture de Méleck (roi) et ne signifie que le seigneur. Baal (Bel) et Atarsté (Istar).

Rouach (le souffle) flottait sur le chaos et s'unit à lui, Mot (le limon) naquit.

Le dieu El avait fondé Byblos. Il est bifrons et a six ailes. Sa sœur-épouse portait le croissant et les cornes de vache (Hathor), elle aima Adonis qu'un sanglier tua et par ses pleurs le ressuscita : version du mythe kaldéen d'Istar et de Tammuz.

Melkart est un Isdubar et le prototype d'Héraclès. Comme dit Maspero, le soleil est un Baal et la lune une Astarté.

Le culte sanguinaire et lascif forçait les parents à racheter leur premier-né : le passage des enfants par le feu ne fut peut-être qu'un rite, une élévation au-dessus de la flamme : mais dans les heures de péril, selon Plutarque, les parents assistaient résignés à la grillade de leurs enfants. Au livre des Rois, les prêtres se tailladent avec leurs couteaux, comme des derviches.

Pour Astarté, le fouet, la mutilation et la sodomie avec les Kédeshim, chiens d'amour.

On concilie difficilement l'activité et l'audace de cette race avec l'abomination de ses mœurs. C'est à croire que ces éternels corrupteurs cultivaient les vices afin de les mieux comprendre et de les mieux servir.

Ils adoraient les sept planètes kaldéennes sous l'appellation de Cabires, en leur donnant comme chef Eschmoun, cette étoile polaire qui fut la seule boussole de ces audacieux navigateurs.

L'immortalité de l'âme n'existe pas plus en Phénicie qu'en Israël, mais, ici et là, on trouve les betylles, les pierres sacrées, coniques, dont le culte se perpétue de nos jours dans la pierre noire de la Mecque.

A Jérusalem comme à Tyr, les deux colonnes Jakin et Boaz se placent à l'entrée du temple.

Clermont-Ganneau a signalé que les Phéniciens adoraient certaines divinités égyptiennes et composaient leurs propres noms avec les leurs.

« La Phénicie fut, dès la plus haute antiquité, sous la dépendance de la civilisation égyptienne. » (Renan).

Aucun peuple n'apporte un témoignage plus positif à la moralité essentielle de l'art : l'antiquité est unanime à déclarer la bassesse d'âme de cette race dont toute l'activité était pour le gain et dont la religion s'exprimait par la cruauté et la débauche. Ces marchands étaient des pirates; à l'occasion ils faisaient le commerce des deux sexes non pour la glèbe mais pour la luxure. Le rite religieux représente toujours le plus haut état des consciences : ici il consacre la négation du sentiment paternel et de la loi naturelle. Le Phénicien est immonde comme type et pour tout son ensemble, c'est un frère de l'Israélite. Il faut admirer à quel point la différence de religion peut séparer deux branches d'une même race.

Le Bétyle Beth-El de la Bible, c'est la pierre levée de notre Bretagne, l'obélisque d'Égypte : il occupe le centre ou la niche de tout sanctuaire phénicien.

Il y aurait un beau et difficile travail à faire sur le rôle phénicien dans le voyage des mythes. On identifie Resef à Apollon, Baal Hammon, homme mur assis, avec ses cornes de bélier, offre un caractère de dieu infernal.

Le sacrifice d'Abraham qui a immémorialement révolté la conscience occidentale suffit à prouver que la demande de Iaveh au patriarche ne répugnait pas invinciblement à l'esprit sémitique.

Nous ne saurons jamais bien quelle fut la

religion de Tyr ou de Carthage parce qu'elle affecte un paroxysme sauvage de l'instinct.

Les Dieux qu'ils ont pris à la Kaldée perdent leur physionomie originelle, ils se sémitisent, lascifs et farouches. Le beau livre de Flaubert ne donne qu'une idée fantaisiste du monde punique, c'est une fresque ou une série de fresques sans réalité.

§ 4. — *La Société.*

Le Phénicien n'a rien créé, pas même son alphabet, mais il a servi d'intermédiaire entre tous les points de la Méditerranée : pendant huit siècles, il a trafiqué par mer de toutes choses, de vierges et d'éphèbes, comme d'étoffes et d'épices. Industriel, il a fabriqué de la pacotille pour tous pays, il avait le monopole de la pourpre.

Il fut intrépide dans le commerce, quoique l'expression étonne, lui qui payait tribut au lieu de livrer bataille, esprit pratique et avide au gain, il accepte les risques d'une Argonautide, pour s'enrichir : jamais l'esprit d'aventure n'a armé tant de bateaux que le vœu de négoce.

Méprisé et recherché, passant pour un être de mauvaise foi, et en réalité aussi pirate que marchand, le Phénicien nous apparaît dans l'Odyssée enlevant à Syros le fils de Clesios et le vendant à Ithaque.

Les savants prétendent que le Phénicien échangeait des objets manufacturés contre des produits naturels. Cependant Hérodote dit qu'ils offrirent aux Argiens « des denrées égyptiennes et assyriennes ». Il est plus conforme au tempérament juif de ne pas fabriquer lui-même et de se borner au rôle d'intermédiaire. Les Sémites de Sidon savaient que nul ne s'enrichit du travail de ses mains, et ils devaient se borner au trafic, mais avec quelle intrépidité ! L'héroïque navigation de Jason vers Colchos, ou d'Agamemnon vers Troie, toute une race l'a osé, sans répit, dans le seul but du lucre : et peut-être cette audace et ce mépris du péril donnaient-ils au juif de la mer un certain prestige qui le sauvait du mépris où fut toujours tenu le juif de la terre.

Le Phénicien a devancé les modernes comme ingénieur et surtout dans ce qu'on appelle couramment les travaux d'art. Ses citernes d'une si grande importance pour les villes fortifiées et surtout pour les îles, ses ports avec leurs môles et leurs docks, toute la construction industrielle ou mercantile, ont exercé son sens pratique et civilisateur.

Pris sur la bande de côte où il fabrique pour

l'exportation, le Phénicien est le moindre des Sémites. Il ne nous a laissé ni un art ni littérature, on peut ajouter ni religion. Mais suivi dans son mouvement incessant de navigateur marchand, il crée des contacts si nombreux, si fréquents entre des races si diverses, que l'histoire de la civilisation deviendrait incompréhensible en son absence.

Les deux civilisations autonomes de l'Afrique et de l'Asie l'ont eu pour missionnaires : le scarabée d'Égypte et le cylindre de Kaldée ont passé, par le ministère de ses mains crochues, d'Orient en Occident. On leur a trop attribué d'inventions ; ils n'en firent jamais, non plus que de créations, mais ils établirent les contacts les plus divers et remplirent un rôle providentiel. Pirates non conquérants, ils n'inspiraient pas d'autre crainte que celle d'hommes avides dont on se gare, en les utilisant ; leurs vaisseaux ne portaient pas de soldats aux armes dangereuses. Partout où ils s'arrêtaient, ils apportaient toujours du nouveau, du rare, et en bon commerçant, ce qui manquait.

La pensée s'étonne devant l'évocation de leur bassesse et aussi de leur utilité, à la fois sordides individus et prodigieux agents de civilisation.

Leur influence fut extrême, ils mirent en contact des races qui, sans eux, se seraient toujours ignorées. Ils créèrent une circulation incroyable d'objets.

Sans eux, la civilisation méditerranéenne n'aurait pu évoluer aussi vite.

L'antiquité orientale éprouvait dans son ensemble une répugnance à se risquer sur la mer; seul, le Phénicien fut un marin hardi, en même temps qu'un assimilateur: il fabriqua tout ce que demandait une clientèle vraiment européenne..

Le Phénicien ne fut ni conquérant, ni colonisateur: sauf Carthage, il n'établit que des comptoirs.

Moralement, il a donné lieu à l'expression de foi punique. A en croire un passage de la Politique d'Aristote, Carthage était en réalité une plutocratie.

Industriellement, la Phénicie tenait l'article parfumerie et elle soignait les flacons en albâtre, en terre émaillée qu'on a retrouvés à Vulci, à Clusium, à Véïes, ainsi que des ivoires : même les curiosités, comme les œufs d'autruche.

Les gigantesques travaux d'exploitation industrielle et agricole, les innombrables caves creusées dans le roc, les silos à grains, les piscines, les citernes, les pressoirs monolithes à grain et à huile, les meules énormes révèlent le génie propre de la vieille Phénicie (Soury).

§ 5. — *Les Dates.*

Période sidonienne, extension dans la mer Égée et la Méditerranée, Chypre, Rhodes, Crète, Cilicie, Paros, et Thasos, fondation de Combé (Tunis), fondation de Thèbes, en Béotie, par Kadmos. Elle finit vers 1209.

Période tyrienne qui dura jusqu'à la victoire de Nabuchodonosor 574 et même jusqu'à Alexandre 332, fondation d'Hippone et d'Utique.

Période carthaginoise (de 833 aux guerres puniques).

§ 6. — *Alphabet.*

Champollion avait dit que l'alphabet phénicien sortait du hiéroglyphe : M. de Rougé l'a démontré. A l'époque des Hycksos, les Phéniciens prirent dans l'égyptien cursif les caractères correspondants à leurs principales articulations. L'araméen, l'hébreu n'ont pas d'autres origines. L'alphabet grec a la même source : c'est donc tout à fait à tort que l'on attribue à la Phénicie l'alphabétisme qui appartient à l'Égypte, mais ils l'adaptèrent à leur langue et le répandirent.

Les prétendus inventeurs de l'écriture paraissent n'avoir pas beaucoup écrit. Les monuments publics restèrent anépigraphes « jusqu'à l'époque grecque ». Renan remarque encore la laideur des inscriptions sans calcul d'espace, sans alinéa, sans majuscule. Graphologiquement, cette cursive correspond à l'écriture de l'avare. Le fond répond à la forme identique, conventionnel sans accent, ni digne ni touchant.

CHAPITRE II

ARCHITECTURE

§ 1. — *Le Temple.*

L'art phénicien se compose d'emprunts à l'Égypte et à l'Assyrie. Il mélange souvent les formes de Memphis et celles de Ninive, de telle sorte que les musées renferment nombre de pièces fausses fabriquées à Tyr et rubriquées comme venant du Nil et de la Mésopotamie. Au Ve, il imite déjà la Grèce. A Tyr et à Sidon, on fabriqua l'article de piété pour toutes les religions méditerranéennes : qu'on se figure une boutique du quartier Saint-Sulpice où Osiris coudoye Bel Mardouck et Istar, Athéné. Le guerrier de Tortose est une assez pauvre chose de bronze au geste puéril, supérieur est l'ivoire du Louvre où une femme sans tête tient chaque main sous un sein d'un geste hiératique : malgré le caractère immobile, il y a quelque goût dans la double mouche et les deux bouts de cordon de ceinture à pointe de fleur.

L'art phénicien est un pastiche perpétuel, un démarquage aussi bien du symbole que de la forme : le globe ailé, le scarabée, tout est matière à contrefaçon.

Le sarcophage imite celui d'Égypte, les masques de lion imitent la Kaldée ; les stèles chypriotes portent des sphinx, on trouve l'œil mystique à côté du taureau : la stèle de Lilybie est copiée d'un cylindre kaldéen. Les stèles votives de Carthage à la Bibliothèque nationale sont des misérables choses, tandis que les objets cypriotes présentent une variété et un imprévu fort intéressant.

Le Temple phénicien est fait d'une salle à portique avec un tabernacle au milieu c'est un peu une mosquée.

Perrot a remarqué dans l'importance du péribole des temples grecs de l'Asie, l'influence phénicienne : Magnésie du Méandre, Éphèse.

C'est à Chypre dont le nom est devenu pour les Grecs synonyme d'Aphrodite qu'ils ont connu l'art luxueux des Tyriens. De l'ombre et de l'eau, des galeries couvertes et des fontaines, des hiérodules, en somme, un mauvais lieu officiel, malgré les boutiques d'amulettes et le betyle du tabernacle: un étrange compromis entre la rue chaude et la mosquée.

Ils allaient sur les hauts lieux, avant leurs rapports avec l'Égypte.

Le seul temple trouvé par Renan se réduit à un tabernacle, à un naos, à une niche (moabed d'Amrith). Cet édicule de 7 mètres n'a aucun ornement. « Ces sortes de cellæ s'appelaient, chez les Phéniciens, de même que chez les Hébreux, théba, arche. Près de la fontaine des serpents, la Mission de Phénicie a rencontré deux autres tabernacles brisés dont l'un porte une frise d'ureus, monolithe exhaussé sur un bloc de 3 mètres de côté: ces deux restes gisent dans un marais de lauriers-roses.

De Byblos, ville sainte d'Adonis, de Sidon cité d'Astarté, de Tyr consacrée à Melquart, aucun monument ne reste. Peut-on se servir de la description d'Ezechiel évoquant le temple d'Iahvé pour restituer au moins la décoration du sanctuaire tyrien? Du mobilier sacré, aucun vestige non plus. Les ex-votos portent : « A notre seigneur Melquart, maître de Tyr, offrande de son serviteur ».

Renan décrit des cavernes destinées aux prostitutions sacrées. Des niches devaient contenir des statues ou des symboles, la paroi offre des sièges taillés.

Si l'avenir nous réserve des découvertes, elles confirmeront le caractère immonde des rites nationaux, la dévotion de boue et de sang de ces entremetteurs.

Perrot a remarqué que la pierre est employée telle qu'on la tire de la carrière sans la plier à un calibrage général et ces blocs préférés pour les bases ont paru gigantesques.

La colonne sans base, sans cannelures, lourde, d'un mauvais dorique ne joua qu'un rôle d'applique ornemental et non de support.

La métropole n'ayant rien conservé et Chypre appartenant plutôt à l'hellénisme archaïque, il faudrait suivre les escales de la navigation pour retrouver les traces de la Phénicie.

Malte représentait alors comme maintenant une base d'opérations méditerranéenne. On y a trouvé des stèles à Melquart et le tracé d'un sanctuaire ellyptique avec sept absides donnant l'idée de chapelles rayonnantes à un chevet d'église. Le champ des pierres est pointillé à la façon de l'héraldique indiquant l'or.

D'autres vestiges existent dans l'île; ils ont servi de carrières aux chevaliers de Saint-Jean.

A Gazzo (Gaulos), île la plus voisine de Malte, des ruines, appelées mur des géants, à cause de la grosseur des pierres employées. On est en présence de deux temples différents et parallèles : chacun se compose de deux ellipses réunies par un passage et le fond se creuse en abside très caractérisée. On se trouve en présence d'un plan assez semblable à certaines parties de l'époque romane. Les dimensions 26 sur 23 de large. Le sanctuaire était hypêtre, seul le cône devait être couvert par un dais.

A Eryx, en suite, il y avait un temple dédié à Astarté, Dame de Longue Vie : il en reste un coin de mur sur la montagne.

A Marsala, on vénérait Hammon. Le corpus en donne le dessin, il est au trait, sans modelé et représente un prêtre en bonnet pointu et en robe large, au geste conventionnel devant le bétyle.

A Gabès, sur la côte espagnole, Melquart avait un temple, mentionné par Strabon.

L'église Saint-Louis, à Carthage, couvre l'endroit où s'éleva le temple d'Echmounn. On y montait par soixante marches : admirablement situé sur la colline de Byrsa il devait frapper les regards du voyageur.

On sait qu'il y avait un temple de Baal Hamon sur le Forum, un de Tanit sur une colline : c'est là qu'ont été trouvées des milliers de stèles votives, mais si peu intéressantes redisant toutes « N..., fils de ... N à Tanit face de Baal parce qu'il a entendu sa voix, qu'il les bénisse ».

§ 2. — *La Tombe.*

Si le sarcophage d'Echmounazar n'est pas œuvre égyptienne, l'imitation est évidente. Ce mort, roi de Sidon, a peur d'être volé puisqu'il dit en son inscription : « N'ouvrez pas mon cercueil, il ne contient pas de trésors ». Peut-être faut-il attribuer à une croyance dérivée de l'Égypte, ce souci d'être dérangé dans le dernier sommeil.

La croyance sur ce point devait être flottante.

La nécropole d'Amrith se compose de caveaux taillés dans le roc et on pénètre par un puits ou un escalier : ces caveaux de plusieurs chambres sont des tombeaux de famille, avec niches dans la paroi en bouche de four qu'on fermait d'une dalle.

Renan loue comme un vrai chef-d'œuvre de proportion, d'élégance et de majesté, un cône, en retrait à mi-hauteur posé sur un soubassement carré avec lion d'angle; d'autres tombes affectent la forme pyramidale.

La nécropole de Sidon n'a plus aucune pierre monumentale, la population les a toutes utilisées, il ne reste que les caveaux. De là viennent les sarcophages anthropoïdes du Louvre.

Près de Tyr, sous l'appellation de tombeau d'Hiram, une sorte de pyramide tronquée sur soubassement carré.

A Gebal, il y a des hypogées à fronton triangulaires et des grottes naturelles que Renan juge pour l'impression qu'elles produisent de vrais tombeaux héroïques, comme on en rêve pour les héros d'Homère.

Dans cette caverne naturelle ou ce puits taillé, le sarcophage en dos d'âne ou anthropoïde est un produit phénicien caractérisé qui tantôt ne donne que la tête, tantôt toute la figure comme la pierre tombale de notre moyen âge.

Le mobilier funéraire se compose de vases à parfums, des Bel, des Hammon, des Astarté, et des chars, biges ou quadriges en terre cuite.

On plaquait aussi une feuille d'or à tous les orifices du corps; on laissait aux femmes les anneaux et les pendants d'oreille et aux hommes leurs cachets. Point d'armes dans la tombe phénicienne; et cette tombe prend une signification morale bien significative.

M. Perrot suit d'un pays à l'autre la trace des nécropoles, en Sardaigne où M. Spano a trouvé des cippes faits d'une pyramide posée sur un cube ou d'un mamelon sur deux degrés, ou en forme phallique. Le préoccupation de la forme sexuelle hante l'ouvrier phénicien.

Il faut signaler des étuis d'or à tête ciselée renfermant sur une feuille d'or une conjuration.

Renan attribue aux noms divins qui y sont gravés un pouvoir talismanique.

CHAPITRE III

SCULPTURE

§ 1. — *Le Type.*

Le Phénicien a le nez juif, est très velu. Avide, lascif et cruel.

§ 2. — *La Forme humaine.*

Aucun chef-d'œuvre même d'exécution : le moindre ivoire d'extrême-Orient l'emporte. Ce qui n'est pas copié est laid, terre cuite ou bronze et quand on rencontre un motif local, comme la femme tenant le disque, on constate l'impuissance de cette race à trouver un geste.

La stèle de Jewa-Melech réunit une Isis assise à un Persan en adoration, celle d'Amrit montre un Assyrien ayant les pieds sur un lion à la façon persane. Le seul motif personnel est l'insertion du disque dans le croissant lunaire, sans valeur plastique et ne signifiant que la prédominance des instincts par la coiffure d'Astarté (Istar).

La grande dame de Gebal et le bronze de la collection Peretié représente Astarté coiffée du disque cornu, comme Hathor, avec l'ureus comme Isis. Cette figure offre le type juif caractérisé.

Les cabires de Chypre, grotesques et lourdes caricatures d'enfants, ressemblent à des singes, Bès obscène et ridicule a été répandu à profusion : le touriste d'Orient en rapporte de toutes parts.

Le meilleur morceau connu serait encore le torse de Sarfend, qui est au Louvre. Au collier pend le disque cornu, la schenti s'orne de deux ureus opposés, et le buste d'Amrit, figure d'homme mûr et efféminé avec des mèches tordues.

Il existe plutôt un art cypriote qu'un art phénicien.

On a trouvé à Dalit, à Athiéniou, des statues d'un charme voluptueux, le costume est égyptien mais le caractère souriant et efféminé, l'hésitation du sexe, la mollesse lascive des formes constituent un style. Le fameux mouvement de la Vénus de Médicis se voit dans les terres cuites cypriotes, mais ne sont-elles pas des imitations de l'œuvre de Praxitèle ? Les dates flottent singulièrement pour l'attribution de la plupart des ouvrages.

Aux ondes molles ou écumeuses de Chypre on ne distingue, que par sa grâce, l'hellénisme corrompu par la lascivité sémitique : mais cette grâce victorieuse de l'épaisse sensualité revêt un caractère souriant, très distinct de la sombre expression du sensualisme tyrien.

Pour classer les œuvres phéniciennes au moins par période, il n'y a qu'à rechercher leur modèle.

Les plus anciennes imitent l'Assyrie, viennent ensuite celles qui pastichent l'Égypte, enfin celles qui imitent la Grèce. Pour la première série, il faut supposer le septième siècle, le sixième pour la seconde et le cinquième pour l'influence grecque.

Mais, l'objet souvent offre le mélange de l'Assyrie et de l'Égypte.

Les dieux le plus souvent représentés sont Melquart et Astarté.

Les Figurines d'Alambra, œuvres dérisoires, maladroites, attribuables à des Polynésiens : les Vénus se pressant les seins du recueil d'Heuzey, terres cuites du Louvre, les Bès, le Géryon du Musée de New-York, les magots de la collection Piot, le groupe d'hommes couchés, la ronde des trois femmes du Louvre, l'homme à tête de grenouille, tout cela est bien sémitique et bien phénicien. Tandis que la frise du festin sur le sarcophage d'Athiénaou est une œuvre hellénique fort belle.

Sans doute pour les costumes et les symboles, il y a des souvenirs égyptiens, cependant la vision plastique est grecque dans presque toutes les têtes d'Athiénaou. Sous le klaf ou le bonnet phrygien, malgré les colliers et les ureus de la schenti, nous sommes en présence du grec archaïque.

M. Heuzey a remarqué que l'obliquité des yeux et le retroussement des coins de la bouche se trouve dans tout l'archaïque : cela est frappant dans la série des prêtresses du musée de l'Acropole à Athènes. Ce parti aiguise l'expression et lui donne un caractère de rosserie ou de perversité. Sans doute à Athiénaou, les yeux sont à fleur de tête, le nez est gros, le menton proéminent; c'est un type voluptueux, vicieux même mais un type spécial, le cypriote, qu'il est impossible de confondre avec les figures phéniciennes. Dans les collections, l'objet phénicien n'a qu'un intérêt de date et d'évocation, le bronze ou la terre cuite de Chypre est à peu près toujours un objet d'art, d'un ordre inférieur par la sensualité, cependant doué de grâce, ce qui est impossible au sémitisme.

La terre phénicienne a été étudiée par un homme supérieur aux savants et explorateurs ordinaires et trop doué littérairement pour ne pas céder à la moindre excitation lyrique du monument.

La mission de Phénicie est accablante pour cette race de lucre et de vilenie. En manière de textes religieux, elle nous a laissé une inscription appelée le tarif de Marseille qui donne le prix des sacrifices. On a trouvé un autre de ces *aviso sacro* à Carthage. A Larnaca, on a trouvé un compte de sacristie. Il mentionne outre les sacrificateurs des barbiers chirurgiens qui opéraient les fidèles selon leur vœu, les bedeaux, et même les hiérodules.

Babylone nous a révélé, si nous en croyons Hérodote, des prostitutions sacrées, mais elle paraît avoir été réduite à une seule fois.

A Tyr, on excite les instincts, on en consacre les excès, comme des rites.

Si on réunit par la pensée les Phéniciens aux Juifs, ils suffisent à fournir à l'humanité le temporel et le spirituel : comme la contrefaçon syrienne résume grossièrement l'Égypte et la

Babylonie, la Bible satisfait à tous les besoins moraux de l'Occident : mais tandis que le Phénicien adapte l'offre à la demande et façonne son produit sur le goût de l'acheteur, l'Occident s'est adapté au livre juif. Quelle que soit sa beauté littéraire, son adoption par les races occidentales reste le problème le plus insoluble de l'histoire, malgré qu'il doive sa fortune à son caractère de prologue de l'Évangile. L'instinct ethnique ne s'est pas soulevé et l'archéologie seule a commencé une réaction contre l'Ancien Testament.

On s'étonne de voir, dans la contemplation historique, l'œuvre humaine s'opérer par les moins purs, comme dans le spectacle de la vie. Comment ne pas admirer l'activité carthaginoise, quand on songe qu'après le périple d'Hannon sur la côte d'Afrique trois cents comptoirs y furent fondés. Un autre Carthaginois, Himilcon, alla jusqu'en Irlande.

Il est remarquable que Carthage disparut, du jour de son inutilité : réplique providentielle à cette race si exclusivement utilitaire. Les monnaies du cinquième siècle sont frappées en Grèce ; de là leur beauté.

« On ne trouve rien en Phénicie qui n'ait été vu d'abord en Égypte, en Kaldée ou en Assyrie », dit avec autorité M. Perrot.

RENAN, *Mission de Phénicie*, 1864.
PERROT et CHIPIEZ, tome III. *Histoire de l'art : Phénicie.*
CESNOLA, *Cyprus*. London, 1877.

II

JUDÉE

CHAPITRE PREMIER

GÉNÉRALITÉS

§ 1. — *Le Pays.*

Séparée de la mer par la Phénicie et entourée d'ennemis, sans frontières naturelles que le Liban et le Jourdain, la Judée ne pouvait être qu'un pays agricole.

§ 2. — *La Race.*

Ibrim Hébreux désignaient Ammon, Moab, Ismaël, Edom, descendaient d'Abraham fils de

Therog et natif d'Our en Kaldée ; un roi Hyksos leur permit de séjourner en Égypte, ils y vécurent en pasteurs. Moïse les emmena au désert, leur donna le décalogue au Sinaï et pendant trente-huit ans ils vécurent errants. On a cru que cette errance fut un calcul de Moïse voulant modeler ce peuple dans la solitude : on peut l'attribuer à l'état du pays tout soulevé par les expéditions de Ramsès III. De toutes les races orientales, c'est la seule qui se soit mêlée aux Occidentaux, sans se fondre avec eux. Quand on songe qu'il leur était défendu de prêter à intérêt, dans leur propre pays, on se demande si l'éclosion de leur génie financier n'a pas été retardée par les Phéniciens qui remplirent ce rôle.

Cette destinée orientale dominée par la foi religieuse ne laisse pas pressentir le terrible essor pratique, au détriment des sociétés modernes. Longtemps leur histoire fut l'histoire sainte ; et même aujourd'hui où la découverte des anciennes religions a détruit le prestige de Iaveh, notre littérature reste pleine de leurs allégories et de leurs symboles : nous apprenons encore à penser avec des métaphores juives, elles occupent dans notre éducation la place légitime des mythes de l'Inde et de la Perse qui devraient être les nôtres.

En 1863, M. V. Duruy commençait son Histoire

sainte (Hachette) par le Ier chapitre de la Genèse et à la page 6, on lit : « L'arche doucement portée par les eaux, s'arrêta sur le mont Ararat, 2482 » et page 7, « Noë mourut à 950 ans : à l'époque du déluge, il avait 600 ans. » Or, en l'an 2482, les deux rives du Nil à Thèbes portaient des temples magnifiques, et 200 ans plus tard, les Kaldéens enlevaient et transportaient à Ereck les statues divines que Assourbanipal devait remporter en trophée 1630 ans après.

L'archéologie a ruiné le prestige religieux d'Israël.

François Lenormant, en 1868, commence son histoire de l'Orient par les Israélites, c'est-à-dire par un peuple qui date du XIe avant J.-C. et cependant le même ouvrage porte la date de 5004 pour la dynastie thinite et celle de 2398 pour la XIVe dynastie, alors que M. Bunsen tenait pour la fondation de la monarchie en 3623.

C'est sous Seti II qu'eut lieu l'exode.

Nous en avons une version égyptienne qui est peut-être la vraie.

Parmi les Sémites isolément transportés par les Ramessides et sous Ramsès II, les Bene-Israël peinaient à construire. Aménophis sur l'oracle d'un voyant qui voulait qu'on débarrassât le pays d'hommes impurs, fit jeter quatre-vingt mille hommes dans les mines de Tourah : puis il leur concéda la ville d'Avarits, déserte depuis le temps de Hycksos. Là, ils se constituèrent en nation, sous la conduite d'un prêtre d'Héliopolis, Osarsyph.

On a été trompé jusqu'à ces derniers temps sur l'origine et le centre véritable de l'humanité. Jérusalem ne sera plus désormais pour un homme cultivé ce qu'elle fut pour Racine. Cette ville médiocre tint la place d'un passé plus vénérable. La bibliothèque en briques gravées d'Assourbanipal a révélé les sources du judaïsme et son temple phénicien achève de lui ôter le prestige d'aucune invention. Comme de nos jours, Israël fournit tous nos théâtres, il a fourni longtemps nos églises, avec la même faculté prodigieuse de mise au point et d'adaptation.

A l'ombre du Christianisme, il a conquis l'Occident, malgré la méfiance qu'il inspirait, et maintenant que la religion perd de sa force, il s'implante sur la scène et nous fournit des pièces, comme il nous a autrefois fourni des oraisons. Le don littéraire du Phénicien intellectuel est indéniable. Il n'y a qu'à comparer les tablettes de Ninive racontant le déluge avec la version biblique pour découvrir le secret du génie sémitique. Il trouve la forme expansive des traditions ; l'ancien Testament a été un ensemble de thèmes féconds pour nos arts : les types de la

Comédie humaine n'ont jamais été présentés si synthétiquement que par cette série commencée avec Kaïn et Abel qui se continue jusqu'à la prétendue sagesse de Salomon, le magicien commandant aux djinns. Là, se borne l'œuvre israélite, œuvre d'un mérite exclusivement littéraire et psychologique.

Il n'y a pas d'art juif : le Décalogue défendait l'image taillée et la représentation de choses célestes, terrestres ou infernales. Aucune forme ne porte le nom d'Israël, mais son histoire s'appelle l'Histoire sainte et son livre, le livre par excellence, la Bible. L'importance de la religion de la littérature et de la race sont si grandes encore aujourd'hui qu'il n'est pas indifférent de rechercher les emprunts que fit Israël à ses voisins lorsqu'il voulut construire et les symboles qu'il emprunta.

Les récents travaux, pour la comparaison des textes, démontrent que l'originalité de la Bible résida plutôt dans la perfection d'une poésie incomparable que dans les idées et que seul en Israël le littérateur fut grand : c'est ce qui a conquis l'imagination occidentale, lorsque l'Évangile a paru sortir du livre sémitique comme un second tome et une réalisation du premier. Il est du plus haut intérêt de se figurer cette Jérusalem qui fut le sinistre berceau de la Rédemption et qu'un supplice a rendue plus illustre que tous les autres lieux de l'univers.

Jusqu'à Leibniz, on crut que l'hébreu avait été la langue primitive de l'humanité ; on croit encore à la longévité des patriarches.

§ 3. — *Les Idées.*

Malgré l'expression Œlohim (les Dieux), les Betyles (pierres sacrées), les Téraphim, l'originalité de l'Hébreu est dans son monothéisme, en l'honneur du Iaveh ou Jehovah, avec qui Abraham l'ancêtre a fait un pacte.

Que la Genèse (Bereschit) soit un livre sacré parmi les autres livres sacrés et non le livre par excellence, cela ne lui ôte pas son importance, ni son rôle unique dans la culture occidentale. C'est le seul qui donne une version suivie des origines humaines et, jusqu'aux découvertes archéologiques, on ne l'a contredit que par des plaisanteries. Il est impossible d'ouvrir un ouvrage ou de regarder une œuvre d'art antérieure au quatorzième siècle sans y trouver ce vieux texte hébreu invoqué ou illustré ; les plus hardis contemporains s'attachent à sa réfutation. En outre, par sa juxtaposition, si illégitime qu'elle soit avec notre Évangile, il se trouve enseigné à tous les Aryas ; on ne saurait donc lui refuser la place qu'il a conquise : au reste les idées exprimées dans les onze premiers chapitres de la Genèse n'appartiennent pas aux Bene-Israël. Selon leur faculté d'assimilation, ils ont pris des mythes, comme ils prirent des formes, comme ils prennent aujourd'hui les places et l'argent.

Les rédacteurs du Bereschit (distingués en Elohiste et Iahviste suivant le nom donné à la Divinité) et la date de la rédaction n'importent pas au caractère vraiment antique des traditions exprimées.

Conception et plan de la Création.

v 1. Après la période des Archétypes, les êtres, délégués par l'Être (Elohim) modalisèrent la substance en mouvement et en matière.

v 2. La terre était une latence de mouvement dans l'omnisubstance à l'état hyperconcentré. Aucun fluide n'était encore en vibration ; les semences et les germes se trouvaient comme annulés par la compression moléculaire. Le verbe divin individualisé dans les Elohim était seul vivant sur la totale passivité négative des forces.

v 3. Or, les êtres délégués de l'Être avaient dit que le mouvement commencerait par la lumière.

v 4. Et la propriété de la lumière étant dilatante

opéra dans la stase moléculaire un état médian entre l'être et le non-être et la pénombre fut entre la lumière et l'ombre.

v 5. Et les délégués de l'Être assignèrent à la lumière une périodicité qui fut le jour et une autre périodicité qui fut l'inverse quantitatif ou nuit. Après cette mensuration de la durée eut lieu comme mensuration de l'espace, la pose des points métriques Orient et Occident. Ainsi fut conçu le premier cycle phénoménique.

v 6. Et le verbe divin individualisé dans les Elohim ordonna une raréfaction de l'élément gazeux.

v 7. Et par cette raréfaction ils établirent l'atmosphère entre la fluidité d'en haut (ciel) et la fluidité d'en bas (eau).

v 8. Et cette pondération équilibrée de la zone gazeuse et de la zone éthérée et cette limitation d'en haut et d'en bas fut la conception du second cycle phénoménique.

v 9. Et le verbe divin individualisé dans les Elohim opéra la centralisation de l'eau et le dessèchement de cette partie de l'espace nommée terre et cela était conçu ainsi.

v 10. Et les Êtres délégués de l'Être accomplirent alors les deux catégories de la substance générale ; et alors la terre eut pour premières divisions celles de mers et de continents, selon la norme même de la création.

v 11. Ensuite selon le plan des Êtres délégués de l'Être, le règne végétal devait apparaître le premier portant en lui la graine de sa reproduction avec toutes ses variétés d'espèces ; l'arbre devait paraître ensuite avec ses fruits contenant chacun leur élément de reproduction suivant leur espèce.

Et ils harmonisèrent toute cette série.

v 12. La terre devait donc germer et la végétation paraître portant son germe en soi suivant la variété des espèces et l'arbre devait surgir avec ses fruits portant chacun l'élément de sa reproduction ; et les Elohim harmonisèrent cette série.

v 13. Et cela devait avoir lieu pendant le temps d'une révolution solaire et ce serait le troisième cycle phénoménique.

v 14. Le verbe divin individualisé dans les Elohim ordonna ensuite les points d'attraction pondérée entre la terre et les mondes lumineux de l'éther. Car ces mondes lumineux devaient régir les intervalles de la lumière, présider aux périodicités phénoménales et même déterminer par leur influence multiple tous les accidents de l'ontologie.

v 15. Et ces mondes lumineux devaient être les foyers des influences diverses qui timbreraient de différenciation les êtres et les choses et seraient comme la manifestation physique de la vérité.

v 16. Et les Êtres délégués de l'Être organisèrent ce couple lumineux : le plus grand, principe mâle et actif du jour; le petit, principe féminin et passif de la nuit : et cela par rapport à la terre sans modifier l'ipséité potentielle des autres étoiles.

v 17. Et les étoiles furent instaurées rectrices de la sensibilité comme de la vie élémentaire.

v 18. Et le monde céleste devait être le régulateur du temps et de la vie par la périodicité exacte de ses phénomènes; et les Elohim harmonisèrent la sphère céleste dans ses relativités avec la terre.

v 19. Et cela devait avoir lieu pendant une révolution solaire et ce devait être le quatrième cycle phénoménique.

v 20. L'esprit divin individualisé dans les Elohim devait fomenter par la propriété agglutinante des eaux la première force vitale organique de la cellule et opérer en propriété volatile les germes qui devaient être charriés par l'air et l'eau.

v 21. Et les Elohim réunirent d'abord en appareil les cellules stagnantes de l'élément aquatique; et de ce fait naquirent les grands sauriens, les amphibies ; les animaux terriens au vol rapide vinrent immédiatement après selon la norme sérielle.

v 22. Et les Elohim s'applaudirent de leur conception et ils dirent que toutes ces formes de la vie se propageraient, se multiplieraient et animeraient de leur présence accrue la mer, la terre et le ciel.

v 23. Et ce fut l'œuvre marquée pour une révolution solaire, cinquième cycle phénoménique.

v 24. Et les Elohim avaient encore conçu une autre série terrestre, l'animalité harmonique des quadrupèdes et des reptiles vivant à la surface du sol et cela fut arrêté ainsi.

v 25. Et les Elohim accomplirent l'animal terrestre avec ses catégories selon l'économie générale de la sphère adamique et ils reconnurent que cela s'harmonisait avec le reste.

v 26. Et les Elohim selon l'échelle organique suivie projetèrent leur ombre et d'après elle ils délinéèrent la forme d'Adam, celui qui devait régner sur tous les êtres organiques des mers, des airs ou de la terre et qui se trouvait être le centre des rapports et le couronnement des séries (microcosme).

v 27. Et les Elohim donnèrent à l'être adamique la forme que projetait leur ombre et ils le créèrent androgyne afin qu'il contînt analogiquement les deux courants de la force.

v 28. Et les Elohim s'applaudirent de cette série adamique. Ils devaient la pousser à engendrer, à se multiplier, à remplir la terre afin de la dominer dans tout ce qu'elle présente de vivant depuis la forme ichtyenne jusqu'à la forme ptérienne.

v 29. Et alors le verbe divin ministérialisé dans les Elohim s'écria : Voici le plan complet de la création. Le Verbe devait dire à Adam : « tout ce qui germe et croît sur la surface de la terre et tout ce qui porte en lui son élément de reproduction, tout le monde de la substance, sera ton domaine.

v 30. Et à toute l'animalité terrestre, volatile, reptiforme ou enfin possédant le principe vital, je donne le règne végétal (instinctif) pour domaine » et cela fut arrêté ainsi.

v 31. Et le verbe divin ministérialisé dans les Elohim envisageant le plan complet de la création s'applaudit et cela eut lieu pendant une révolution solaire et ce fut le sixième cycle phénoménique.

Les modalités de la force et l'apogée de la série.

v 1. Ainsi furent accomplis en puissance, avant d'être accomplis en acte, le ciel et la terre et la norme régulatrice de leur évolution.

v 2. Et l'esprit divin ministérialisé dans les Elohim termina par un septième cycle le plan phénoménique de la création et l'esprit divin quitta ses ministres, réintégra sa séité après ce septième cycle conceptif qui terminait l'ordonnance de son œuvre.

v 3. Et les Elohim adorèrent ce septième cycle où l'esprit divin se rétractait en lui-même après avoir donné la délégation de force pour la réalisation de l'univers.

v 4. Telle est l'économie schématique de la création du ciel et de la terre, suivant le verbe de Ihoah, le Créateur, qui fit en principe le ciel et la terre devant les accomplir en acte.

v 5. Et toute l'économie de la nature fut conçue avant qu'elle existât et toute la végétation avant qu'elle germât. Car Ihoah n'avait pas donné d'abord le mouvement à la formation et Adam n'existait encore qu'à l'état de divin concept.

v 6. Mais une énergie virtuelle se dégageait des éléments et les pénétrait.

v 7. Ihoah forma l'ipséité d'Adam par la sublimation de tous les éléments naturels; il lui attribua une essence exhalée de la vie substantielle afin qu'il fût une individualisation de la vie universelle.

v 8. Et Ihoah ensuite attribua un plan sensible et temporané selon l'antériorité universelle et il devait y placer Adam afin qu'il évoluât vers l'éternité.

v 9. Et Ihoah conçut un développement de la sphère adamique qui comprenait la croissance de toute végétation et de ce qui correspondait au phénoménisme affectif ; et il voulait aussi que le principe vital de la substance se développât dans la stase organique selon une polarisation analogue au bien et au mal.

v 10. D'abord une émanation de la vie générale vivifiait la sphère organique et organiquement se divisait en quatre principes particularisateurs de sa force.

v 11. Le nom de la première force émanée Phison était la densité et le volume, qui limitent l'extériorité des énergies souterraines qui forment l'or et les métaux.

v 12. Et le lieu de l'or et des métaux est encore le lieu des formations potentielles par l'effet de la force centrifuge.

v 13. Le nom de la seconde force émanée était Gihon ou la forme centripète qui fomente la densité.

v. 14. Et le nom de la troisième force émanée était le fluide qui est l'élément magnétique et énormonique de la pondération attractive. La quatrième force émanée était l'énergie intrinsèque de la molécule.

v 15. Et il instaura — Ihoha Elohim — Adam au milieu de la vie phénoménale, afin que sa sensibilité s'ébranlât et le fit conscient.

v 16. Et il recommanda — Ihoah Elohim — à Adam, « de tout le phénoménisme substantiel de la vie, alimente ta sensibilité ».

v 17. Mais de la notion essentielle du bien et du mal éloigne-toi, car, dès que tu la concevrais, tu sortirais de la stase présente.

v 18. Ensuite Ihoah Elohim, prévoyant qu'Adam n'arriverait pas de lui-même à l'état de conscience : « Je lui ferai une parèdre, en le dédoublant de son réflexe. »

v 19. Or il avait formé — Iboah Elohim — en vitalité organique, toute l'animalité de la nature et toute la série de l'invisibilité. Et il fit présent devant la sensibilité d'Adam tout le phénoménisme, afin qu'Adam nommât chaque série selon la relativité d'icelle ; et les noms par lesquels Adam nommerait les séries marqueraient leur échelle hiérarchique.

v 20. Adam nomma de leur nom de relation tous les animaux et la série d'invisibilité. Mais il n'y trouva pas l'être de transition entre lui et la nature, l'être qui fut le rapport de l'élémentaire, à lui l'essentiel — c'est-à-dire son réflexe.

v 21. Alors Ihoah Elohim suspendit la sensibilité d'Adam et il rompit son unité androgyne, et prenant le passif ou réflexe, il l'individualisa par une forme où la courbe, qui est la beauté, dominait.

v 22. Ensuite il développa le positif d'Adam quantitativement, pour tenir la place de son entité passive Aïscha, désormais personne distincte, et il amena Aïscha à Adam.

v 23. Celui-ci s'écria : « Voilà le réflexe de ma sensibilité et la forme qui correspond à ma forme », et il l'appela Aïscha, principe inconscient passionnel, parce qu'elle était le dédoublement de l'intellectuel sensible ou androgyne.

v 24. Aussi Aïsch, l'intellectuel sensible, doit oublier son état androgyne où il était à la fois Aïsch et Aïscha, c'est-à-dire relatif à lui-même, pour se complaire en son inconscient passionnel Aïscha, afin de reformer avec lui, momentanément, l'androgynat initial.

v 25. Or l'intellectuel sensible Aïsch et le passionnel inconscient Aïscha se possédaient sans corporéité organique, car l'harmonie résultait fluidiquement de leur accord d'actif à passif.

Conflit du microcosme et du macrocosme.

v 1. Nahash, le courant normal de l'instinct, dominait comme principe dynamique inférieur, la création de Ihoah, et ce courant instinctif attaqua la sensibilité d'Aïscha, lui suggérant :

« Pourquoi Ihoah Elohim ne vous a-t-il pas permis de cultiver votre sensibilité par tout le phénoménisme... »

v 2. Aïscha opposa à ce courant de vertige : « Nous pouvons exercer notre sensibilité sur tout le phénoménisme de la substance. »

v 3. « Quant à la notion essentielle qui est le centre des rapports, Ihoah Elohim a dit : « Il ne convient pas de vous en approcher, votre sensibilité ne l'affrontera pas, sinon vous mourrez à la vie présente. »

v 4. Alors Nahash, le courant instinctif, opposa : « Vous ignorez la conséquence de cette mort à la vie présente. »

v 5. « Car il sait, — Ihoah Elohim, — que votre sensibilité affrontant la notion essentielle, la conscience naîtra en vous et vous concevrez le dualisme du bien et du mal. »

v 6. Aïscha, l'inconscient passionnel, se prit à désirer cet inconnu, aspira à le posséder, y devinant l'accomplissement de sa personnalité : sa sensibilité affronta donc le mystère et s'en étant fécondée passionnément, elle usa de sa puissance de réflexe sur Aïsch, qui l'écouta comme elle avait écouté Nahash.

v 7. Alors ils connurent avec lucidité qu'ils étaient mutuellement imparfaits et incapables de supporter les mystères qu'ils avaient provoqués, leur esprit se voila et ils tremblèrent dans leur faiblesse.

v 8. Ils entendirent le verbe même de Ihoah Elohim qui remplissait le monde de son rayonnement, et Adam et sa compagne, effrayés de cette lumière comme d'une voix, eux obscurcis, ils cherchèrent encore à pénétrer la notion mystérieuse comme pour s'y réfugier.

v 9. Le verbe de Ihoah Elohim appela Adam disant : « Qu'as-tu osé ? »

v 10. Et Adam répondit : « L'essence qui m'a ébloui jusque dans ma substance m'a fait voir ma basse relativité et j'en ai été effrayé. »

v 11. Et Elohim lui dit : « Qui a pu te révéler ta relativité si ce n'est cette essence dont j'avais interdit l'approche à ta sensibilité. »

v 12. Et Adam : « Aïscha, le réflexe que tu as individualisé pour m'être compagne, a provoqué sur sa sensibilité l'action de l'essence et par conséquent sur la mienne. »

v 13. Ihoah Elohim dit à Aïscha : « Qu'as-tu osé? » Et Aïscha répondit : « Nahash, ce courant vertigineux de l'instinct, a entraîné ma sensibilité vers cet inconnu. »

v 14. Ihoah Elohim dit alors à Nahash : « Puisque tu as rompu l'équilibre, tu seras le principe incohérent, dangereux à tout ce qui respire, selon ta norme d'attract inconscient : tu seras le bas tourbillon de l'expir élémentaire et toutes les dissonances viendront de toi. »

v 15. Entre toi, l'inconscient élémentaire, et Aïscha, l'inconscient supérieur, je mettrai une hostilité. Elle opposera sa passion à ton vertige et ton vertige viendra stériliser sa passion. »

v 16. Et à Aïscha : « Je multiplierai les points vulnérables où Nahash pourra t'attaquer sans cesse, mais je multiplierai aussi tes points sensibles avec ton conscient intellectuel, Aïsch : et tu seras toujours extrême dans les deux sens, en perpétuelle et douloureuse appétence, et sans cesse entraînée vers ton positif Aïsch, dont tu es le réflexe; tu n'auras jamais d'existence propre et tu ne seras colorée que par son reflet. »

v 17. Et à Adam : « Puisque tu as cédé à ton réflexe inconscient et que ta sensibilité l'a suivi en son vertige, devant cette notion de l'essence que je t'avais interdite, condamné par toi-même, sois donc conscient : conçois tes relativités et tes rapports ; et vois qu'il te faut désormais mériter par la douleur, seule salutaire maintenant, ton immortel devenir. »

v 18. « La nature, désormais indépendante de toi et désobéissante, te forcera à tout mériter, même les éléments de ta vie végétative.

v 19. « Ton esprit s'embarrassera sans cesse dans ces relativités et ces rapports que tu as voulu connaître, jusqu'au jour où tu redeviendras androgyne par ta réunion à ton passif réflexe, Aïscha : car ayant été dualisé, tu dois par ton propre effort revenir à ton unité. »

v 20. Alors Adam appela Aïscha, son passif réflexe, du nom de Héva, inconscient supérieur, parce qu'elle était le commencement et l'occasion de son devenir.

v 21. Alors Ihoah Elohim réalisa en corps organique la corporéité substantielle d'Adam et de Héva.

v 22. Ensuite Ihohah Elohim dit : « Voilà Adam à l'état de conscience et à l'état d'option entre le bien et le mal, comme un de la série spirituelle ; mais pour qu'il ne tente pas de se refuser au devenir impérieux et qu'il ne cherche à s'immobiliser dans cette stase imparfaite : »

v 23. Ihoah Elohim isola Adam-Héva du phénoménisme supérieur, afin que sa sensibilité ne se cultivât que par les éléments analogues à son nouvel état.

v 24. Adam-Héva ainsi réduit à la norme de la série hominale, Ihoah Elohim interposa l'entité collective dite Kherubim, en une circonvallation allant de la stase primitive, ou édénique, au nouveau devenir par la douleur. Et l'entité collective Cherubim était cette cause seconde, partie conceptible et fécondante du mystère, destinée par ses mirages impérieux à représenter devant la conscience d'Adam, en atmosphère intellectuelle, un Nahash de lumière dont le vertige incessant décrirait autour de la vie sensible un orbe incitant d'idéalité.

§ 4. — *Les Dates.*

La seule date artistique de la Judée est 1006, celle de la dédicace du temple de Jérusalem.

CHAPITRE II

ARCHITECTURE

§ 1. — *Le Temple.*

A la quatrième année de son règne, en 1004, Salomon choisit pour élever un temple à Iahvé le mont Moria, car il s'y trouvait une pierre que le déluge n'avait pas mouillée Eben Schatigah (on la plaça plus tard dans le Saint des Saints). Ce mont était séparé par un ravin de Zion où s'élevait Jérusalem et son plateau servait d'aire à un Iebousite.

Pour donner au plateau l'étendue plane nécessaire, il a fallu des remblais et des soutènements très considérables. Le Haram actuel a 462 et 491 de l'est à l'ouest et 2281 et 310 du nord au sud.

L'agrandissement du plateau, que fit Hérode

pour le temple qu'il voulait plus beau que ceux de Salomon et de Zorobabel, a été le dernier changement.

Les pierres tirées des cavernes royales au nord de Jérusalem, d'un calcaire crayeux qui durcit à l'air, sont plus grosses à la base et aux angles, elles sont bien jointes, sans mortier.

Il faut lire les Recovery du capitaine Warren qui a conduit les sondages autour du Haram, pour estimer la difficulté des fouilles et du sondage.

David avait acheté l'aire du jebuséen où par trois fois le temple d'Israël devait être reconstruit et aboli si complètement, que vraiment et sans figure, rien n'en reste que la place et des cryptes.

Le judaïsme nous a laissé ses catacombes. Elles furent creusées au temps de la puissance et de la prospérité et font partie d'une colossale entreprise d'aqueducs, de réservoirs et de couloirs.

Comme les thermes de Caracalla donnent seuls l'impression de la Rome impériale, les cryptes du Moriah témoignent, mieux que le fameux mur des lamentations, de la plus irréductible nationalité que connaisse l'histoire.

Ces galeries de 120 pas sur 12, séparées par un mur qui se résout bientôt en arcades à piliers carrés, n'ont pas été entièrement explorées. Les blocs de la voûte sont énormes et inégaux; vers le sud, il n'y a qu'une seule nef.

On donne le nom d'Écuries de Salomon à d'autres souterrains que Catherwood et Barclay ont explorés; ils y ont vu quinze rangées de piliers carrés avec la base en bossage. Ici la signature Salomonienne est plus visible encore. Les anneaux qui servaient aux chevaux des Templiers casernés à l'Aska, se voient encore.

L'importance de l'Aksa vient de ce qu'elle occupe exactement la place du temple de Salomon, puisque le Talmud le place au nord-ouest de l'enceinte.

Si on en doutait, la prodigieuse crypte où on descend par dix-huit marches serait une confirmation suffisante; elle s'étend bien au-delà de l'Aksa.

Les Romains trouvèrent la piscine de Silœ encombrée de cadavres apportés par le cours des sources, et fouillèrent alors la crypte, elle apparut pleine de morts et de mourants.

On connaît le tragique épilogue de la résistance juive : l'apparition de Bargioras, en fantôme, voulant effrayer les soldats pour leur échapper. « Leur audace, dit Tacite, dépassait leur nombre et ils redoutaient davantage de vivre que de mourir. »

L'attribution des cryptes à Justinien ou à Hérode n'est pas soutenable. Ce sont les fondateurs d'un monument qui seuls en creusent les assises et le font, pour ainsi dire, en double, sous la terre.

La description du temple se lit au 1er livre des Rois (V à VIII), on la retrouve dans les chroniques et enfin dans Ezéchiel. Ce dernier donne le projet de la reconstruction. MM. Perrot et Chipiez, dans un beau travail, qui tient un tome de leur *Histoire de l'art*, ont restitué le monument d'après le nabi.

Selon Saulcy le plan était égyptien et se divisait en vestibule (Aoulem) (le saint), Echal le saint des saints (Debir) correspondant à l'ousekht, à l'hotep et à l'ouseht-ka du Nil.

Au seuil du Debir deux keroubnn (taureaux en bois d'olivier doré de dix coudées avec des ailes de cinq coudées).

Le naos renfermait la barque d'alliance, la table d'offrande et le chandelier à 7 branches.

Dans l'Ekal, il y avait dix tables et dix chandeliers, le long du mur.

L'Aoulem formait un portique avec deux colonnes de bronze de 4 coudées à la base et de 18 de haut, selon la proportion égyptienne. Un chapiteau en forme de lis avec un cordon de grenades couronnait à droite Iakin, à gauche

Boaz, éloignées l'une de l'autre de six coudées; ce sont là des obélisques et ces fameuses colonnes de la franc-maçonnerie prétendument fondé par Adoniram, le fondeur ou ciseleur auteur de la mer d'airain qui dirigeait les travaux comme Phidias au Parthénon.

Addoniram semble un sculpteur-architecte, un maître d'œuvre.

Des cours entouraient le temple, la cour intérieure fut construite sous Salomon; à l'entrée la mer d'airain, ce vaste bassin porté par douze taureaux, en groupe de trois et ces groupes orientés aux points cardinaux. Autour du réservoir d'autres bassins plus petits pour le lavement des pieds et des mains.

L'édification dura sept ans; 1006 vit la dédicace. Les lévites transportèrent la barque d'alliance du mont Zion au Debir. Iavhé avait sa maison et n'enviait Ammon, ni Melquart, mais en 587 les Assyriens surgirent avec Nabouziriddina.

Le retour de la captivité 537 avec Zarobabel aboutit à une réédification. Le nouveau temple dédié en 516 avait été élevé en 4 ans, 70 ans après sa destruction : nous n'avons pas de description de ce nouvel édifice. Les chroniques donnent 154 sur 52 pour l'enceinte sacrée.

Lorsque Josèphe, dans ses antiquités judaïques, prétend que les fondations s'enfonçaient dans la terre aussi profondément qu'elles s'élevaient au-dessus, il comptait dans cette mesure les travaux de soutènement.

MM. Perrot et Chipiez en donnant la restitution du temple d'Ezéchiel décrivent un sanctuaire idéal qui n'est ni celui de Salomon, ni celui de Zorobabel, ni celui d'Hérode.

D'après Ezéchiel, les Keroubs du Debir avaient deux faces, une humaine, l'autre léonine, chacune tournée vers un palmier « et c'était sculpté sur tout le temple, tout autour ». La première vision donnait en plus, une face de taureau et une d'aigle.

Le chandelier à 7 branches nous est montré sur le triomphe de l'arc de Titus.

Le temple du mont Garizim ne fut élevé par les Samaritains qu'au temps d'Alexandre.

On a recherché les bamoth (hauts lieux, autels sur la montagne) et on en a retrouvé, mais Iahvé n'a-t-il pas dit : que mon autel ne soit pas en pierre taillée, le fer profane la pierre.

M. Clermont-Ganneau dans la *Palestine inconnue* prétend que les petites coupoles (Koubhes) si fréquentes dans la campagne palestinienne remplacent les anciens bamoth.

§ 2. — *Le Palais.*

Celui de Salomon demanda treize années de travail à l'endroit nommé Millo; les colonnes de cèdre le firent appeler Maison du Liban. Il y eut aussi une salle de justice, lambrissée de cèdre, avec un trône d'ivoire à sept marches et sur chaque marche deux lions sculptés; il y avait aussi un paradis (parc). Ce faste ne survécut probablement pas au monarque. Il devait comprendre les trois parties classiques en Orient, sérail, harem, et khan.

§ 3. — *La Tombe.*

La vallée du Cedron montre des tombeaux dont Saulcy a défendu l'antiquité avec aveuglement.

Celui qui frappe le regard particulièrement et qu'on appelle tombe d'Absalon montre un ordre de pilastre dorique sur ses quatre faces : moitié taillé dans le roc, moitié construit. Il se couronne d'une partie de tour à toit rond décroissant, à la façon d'une pointe de casque.

Le monolithe de Siloam dégagé du roc de trois côtés a une hauteur de 4 mètres. C'est un hypogée que M. Clermont-Ganneau croit antérieur à la captivité.

M. de Vogüé a tiré du Talmud l'indication que les tombes juives présentaient la disposition phénicienne : c'était la chambre percée de fours à cercueil.

M. Perrot pense que rien ne signalait la tombe ancienne.

CHAPITRE II

SCULPTURE

Nous ne trouvons que les Kerubs et le serpent d'airain fait par Moïse et détruit par Ezechias.

La seule statue mentionnée, n'est-ce pas ce Théraphim que Mical met dans le lit à la place de David, quand Saül envoie pour le tuer ?

Iéremic dit que les statues sont devenues la confusion de ceux qui les ont faites.

La glyptique elle-même ne nous livre rien : les cachets attribuables à la Judée montrent des symboles phéniciens.

Aucune terre n'a été fouillée comme la Terre Sainte, aucune n'a moins rendu.

Élèves de la Grèce, nous ne concevons pas qu'un peuple qu'anime de grands sentiments et qui sait les exprimer ne crée pas les formes artistiques de sa pensée et c'est pourquoi la constatation de l'impuissance juive en matière d'art reste un des plus grands étonnements de l'histoire.

FABRE D'OLIVET, *la Langue hébraïque restituée.*
LEDRAIN, *Histoire d'Israël.*
LENORMANT, *Histoire sainte.*
DE VOGUÉ, *le Temple de Jérusalem.*
PERROT et CHIPIEZ, *Histoire de l'art*, t. IV.
CLERMONT-GANNEAU, *la Palestine inconnue.*

III

ARABIE

CHAPITRE PREMIER

GÉNÉRALITÉS

§ 1. — *Le Pays.*

La mer Rouge le sépare de l'Égypte et la Méditerranée de la Syrie, il touche par le désert à l'Euphrate et à la Perse par le golfe. Le Hedjaz et le Yemen ont des traces d'histoire.

§ 2. — *La Race.*

Des Chamiques (?), des Ibères (?), des Ismaélites. Y eut-il un empire chamique appelé Adite renversé 1800 av. J.-C., par les Ibères, et qui devint le pays de Seba ? Un Adite Lokmann, dit des sept vautours, pour sa longévité fertilisa le Yemen. Il y eut plusieurs reines de Seba ; et chose curieuse, ce fut une reine égyptienne Hatasou qui vainquit les Adites. Les bas-reliefs de Deïr-el-Bahari le commémorent. Ces reines voyageaient volontiers : on sait la fameuse visite à Salomon. Une autre reine de Seba vint en Égypte comme vassale, sous la minorité de Toutmès III. N'y aurait-il pas dans cette royauté féminine un fragment de la tradition des amazones ?

Au VIIIe avant J.-C. les Ibères firent une révolution et les Adites passèrent en Abyssinie : c'est du reste le sentiment des Abyssins actuels, qui entre particularités ont comme marques sur leur tente le sceau de Salomon. Le troisième empire sabéen dura jusqu'à Mahomet. Auparavant, il subit la conquête assyrienne, mais ce fut temporaire.

§ 3. — *Les Idées.*

Le Sabéisme était d'origine kaldéenne. Il (ilou), Bil (Bel), Atar (A dar), Sin (Sin), Nasr (Nisrock). On priait vers le nord, sept fois par jour. Les bétyles phéniciens, le culte des arbres ont laissé des traces.

CHAPITRE II

ARCHITECTURE

Le Temple.

A Sabota 60 temples (?), 65 à Tanina, d'après Pline, les monuments de Mariat vus par Œlius Gallus sous Auguste.

L'archéologie sabéenne attend encore ses explorateurs.

La tradition attribue à Ismaël la fondation de la Caaba. Il reçut de l'ange Gabriel, le fameux bétyle noir, vénéré encore aujourd'hui.

Les Djarhums conquérants du Hedjaz (VIIIe av. J.-C.) Assourbanipal les battit, puis ce fut le tour de Nabuchodonosor. Ils nommaient leur dieu Allah, mais il y avait alors 360 statues de divinités, à la Mecque.

On ne peut qu'énumérer :

Les Amalécites du Sinaï que les Égyptiens chassèrent des mines de cuivre et que les Hébreux exterminèrent ;

Les Nabatheens, successeurs des Phéniciens et comme eux très commerçants ;

Les Philistins, rois d'Askalon et dévots de Derketo (Athara, Atagartis), sorte de Mélusine, femme au corps de poisson ;

Les Moabites dont nous avons un bas-relief : un guerrier tenant sa lance, ils adoraient Kémosch : on connaît la fameuse stèle du roi Mesa au Louvre, « le plus ancien monument gravé de l'écriture alphabétique » ; d'autres peuples encore ont eu une importance plus grande qu'on ne croit pas ;

Les Philistins, qu'ils soient ou non des sémites chassés de la Crète, habitaient des villes fortes, vassaux des Égyptiens, après avoir été de vaillants adversaires : leurs chars s'ornaient de plaques de bronze.

Amon et Moab avaient des dieux, Milcon et Camos : l'Aschera ou le pieu, un cippe seulement leur était-il dédié?

La Syrie ou Aram a compris, comme satrapie, la Comagène, la Pierie, Palmyre. L'araméen est le Rotennou des inscriptions égyptiennes. Leur religion venait de Phénicie (Baal et Derketo, unc

Islar, Cybèle avec des rites sanguinaires et lascifs). Ce fut bientôt une province assyrienne, puis persane.

Seleucus, gouverneur de Babylone en 312, commence l'ère des Seleucides, importante par ses monuments. Il fonda Antioche sur l'Oronte, l'orna à la grecque et restaura Palmyre (Tadmor) qui éleva ses portiques corinthiens au milieu d'une mer de sables.

APPENDICE

L'EMPIRE ISLAMIQUE

CHAPITRE PREMIER

GÉNÉRALITÉS

§ 1. — *Avant-propos.*

Natura non facit saltum ; l'humanité non plus ne procède pas par bonds et la clé de l'archéologue se trouve dans les périodes de transition.

Le grand fait de l'histoire est le passage de la civilisation d'Orient en Occident et l'avènement des Aryas au premier rôle du monde.

Ce passage s'accomplit par la floraison grecque. Au cinquième siècle avant Jésus-Christ, aucune cité vivante n'égale la seule Athènes et les vingt mille eupatrides du temps de Périclès représentent réellement le cerveau, le cœur et l'avenir de l'humanité à cette date : les modèles, en tout, sont fournis par l'Attique qui n'eut rien de médiocre que ses dieux.

Dignes frères des Hindous, les Ioniens ont tellement mis de caprices dans leur théodicée que leur religion ne pouvait conquérir les nouveaux peuples. Ce n'est pas un hasard qui nous a livré l'Évangile dans un texte grec. Il fallait une nouvelle religion pour l'Occident et que la Grèce jusqu'à la floraison chrétienne fût tout l'Occident.

Rome, malgré son énormité conquérante et administrative, ne fut qu'une Assyrie par rapport à l'Hellénie : elle reçut les pensées sans les comprendre et les formes pour les utilitariser. Il n'y a point de génie au vrai sens du mot dans cette Italie si active ; personne ne mettra l'*Énéide* au rang des poèmes épiques, c'est un beau travail de lettré qui imite et Cicéron paraît bien un simple avocat, à côté des orateurs tels que Thucydide et Démosthène. La pauvreté d'un Térence, la vulgarité d'un Plaute s'étalent en face de la verve vraiment splendide d'un Aristophane, le plus haut des hommes qui ont ri. Quant au monument, il prend le caractère de colossalité : on fit très vaste, mais les thermes de Caracalla restent encore la ruine majeure ; et quant à la Maison Carrée, c'est simple ment le dernier chant de la ligne grecque.

L'Orient si longtemps la lumière du monde ne s'éteignit pas subitement tandis que l'Occident s'éclairait, mais les Aryas commencèrent à créer en terre orientale. La période hellénistique offre une floraison aryaque en Asie : Séleucie, Antioche, Pergame, Damas, Alexandrie. Quand on songe que la victoire de Samothrace commémore la victoire navale de 306, on peut dire que l'Asie est esthétiquement et à jamais conquise et vaincue.

Selon l'expression romaine donnée au royaume de Pergame, l'Asie, au dernier siècle, n'est qu'une province de l'empire occidental. Le tableau de l'Orient serait incomplet, sans une mention de la civilisation islamique qui représente l'apogée d'une des trois grandes séries de l'espèce et aussi l'adversaire le plus prestigieux du monde chrétien. Ni les Barbares des invasions, ni les Turcs n'ont mis notre civilisation dans un tel péril. Si le Croissant avait triomphé de la Croix, c'en était fait du monde moderne et l'histoire de l'univers était finie. Dernière et furieuse convulsion du génie asiatique contre l'Occident qui s'éveille, l'Islam forme le suprême chapitre des annales orientales. L'hégire, virtuellement, n'appartient pas à notre ère, non plus qu'aux races suivantes qui ont tout refait sous la discipline bienheureuse de la Grèce.

§ 2. — *Le Pays.*

Le berceau de l'Islam est bien dans l'Asie antérieure et se centralise d'abord à Damas et à Bagdad, mais l'esprit de conquête qui l'anime le mène en Afrique et en Europe avec une incroyable rapidité.

L'Arabe succède à l'Assyrien comme homme de guerre, mais il ne revient pas dans la métropole chargé du butin de ses expéditions, il fonde partout où il est vainqueur une cité musulmane. La mosquée de Cordoue et celle de Médine s'élèvent en même temps et on ne saurait dire où l'Islam s'affirme le plus fortement.

Il faut envisager l'œuvre musulmane, en Syrie, en Perse, dans l'Inde, en Turquie, en Égypte, en Sicile et en Espagne.

§ 3. — *La Race.*

On confond souvent les Arabes qui sont des Asiatiques et les premiers Mahométans avec les Mores qui sont des Africains et qui, convertis, ruinèrent, avec les Turcs, l'empire musulman, de la même façon que les Tartares, devenus chrétiens, détruisirent l'empire de Constantin.

Les tribus nomades que le verbe de Mohammed réunit par le lien religieux étaient sémitiques : les Turcs sont des Mongols.

Arabe doit être pris pour synonyme d'Araméen ou d'Ismaélite.

§ 4. — *Les Idées.*

Le Sabéisme régnait parmi les Araméens ; ils l'avaient reçu de l'Assyrie. Une religion est la plus forte levure de civilisation et le génie sémitique, vaincu sous les traits iraélites, devait prendre sa revanche, le jour où un homme de véritable envergure tenterait la sublime aventure de Moïse et donnerait à ces nomades une foi propre à les unir.

Mohammed, surnommé Aboul Cassem, né en 570 de J.-C., à quarante ans déclara que l'ange Gabriel l'avait appelé prophète de Dieu (96 c. du Koran).

Le Koran, malgré l'abondance des répétitions, est une habile combinaison de l'Ancien Testament, du Nouveau et de la pneumatologie persane. On conçoit qu'avec de tels éléments on ne pouvait faire un mauvais ouvrage, et Mohammed a donné aux Arabes toute la lumière qu'ils pouvaient recevoir. Allah continue Iahve. Ce Dieu est unique ; aussi jaloux que le sultan céleste d'Israël il commande la conversion par le glaive. Aucune doctrine n'a eu une diffusion si rapide ; le cimeterre ponctuait de si près l'exhortation que partout et toujours, quand ils l'ont pu, les musulmans ont dit aux peuples : « l'Islam ou la mort. »

Depuis les Croisades, on assure qu'aucun musulman n'a abjuré ; les missions tant catholiques que protestantes n'ont pas converti un seul mahométan. Cette circonstance devrait avertir les ingénus que le jeune turc, malgré sa redingote de la *Belle Jardinière*, est l'ennemi né et implacable du chien de chrétien : les annales ne relatent à aucune époque qu'il ait existé une amitié réelle entre un chrétien et un musulman.

§ 5. — *La Société.*

Théocratie basée sur la conquête : le jour où l'élan militaire s'est brisé, la civilisation arabe a disparu.

Quant au mouvement de culture humanistique qui se produisit à l'époque des kalifats, il est essentiellement artificiel. Deux noms le caractérisent : Avicenne et Averroës.

Le premier, au dixième siècle, passa pour un grand médecin et ce n'est qu'au dix-huitième siècle que Montpellier abandonna ses *Canons* et revint à la médecine grecque. Son nom fut invoqué à l'égal de celui de Galien et d'Aristote.

Le second, commentateur du péripatétisme, appelait le christianisme « une religion impossible », le mahométisme une religion de pourceaux, et le judaïsme une religion d'enfants. Il nous est impossible, aujourd'hui, d'expliquer l'importance de tels personnages, sans aucun génie.

§ 6. — *Les Dates.*

De 632, année de la mort du Prophète, commence un mouvement de conquête d'une puissance inouïe. Sous Aroun-el-Raschid (789-809), la renaissance sémitique atteint son apogée et on put croire un instant que l'empire romain allait se reformer au profit des Asiatiques, sous l'étendard du Prophète.

Mais ce faisceau trop vertigineusement formé se disjoint ; l'Égypte, la Perse, la Syrie sont envahis par les Turcs, qui sont des jaunes et qui, finalement, prennent Byzance en 1453.

CHAPITRE II

ARCHITECTURE

Elle est fille de l'art byzantin et consiste en un système de colonnes réunies par des voûtes et celles-ci sur pendentifs.

L'arc arabe a été inventé pour relier deux colonnes en général arrachées à quelque monument classique.

Le monument arabe n'a jamais de façade : il ne présente à l'extérieur que la monotonie de murs coiffés de coupoles ; les baies sont rares et étroites, l'éclairage provenant toujours d'une cour intérieure.

L'arc se surhausse et se surbaisse depuis l'œuf d'autruche jusqu'à la simple accolade du Tudor : la coupole à forme bulbeuse ou conique domine.

La mosquée a la forme d'une cour entourée

de portiques avec une fontaine au centre et au fond une salle hypostyle qui est le sanctuaire.

Là, un pupitre pour le Coran, une chaire à prêcher, des lampes en haut, des tapis par terre. Le minaret n'est qu'un campanile svelte et sans cloches, d'où le muezzin appelle à la prière.

CHAPITRE III

SCULPTURE

Mahomet a répété le commandement de Moïse : « Tu ne feras point d'images taillées à l'imitation de ce qui est sous le ciel. » Le peintre ignore la forme humaine et même l'animale.

Plus artiste que le Juif, l'Arabe a inventé l'arabesque, charmante et puérile décoration géométrique, végétale ou calligraphique.

Aux mosaïques byzantines grandioses comme des fresques, le Sémite a substitué la faïence émaillée informe seulement colorée ; au lieu de nos vitraux, ces tableaux qu'éclaire la lumière elle-même, il a mis du verre de couleur et des culs de bouteille.

C'est bien assez pour des êtres qui ne voient pas les lignes et qui rêvent, dès qu'ils ne sabrent plus. Leur ciseau ne s'exerca que sur du plâtre et du stuc.

TOPOGRAPHIE MONUMENTALE

ARABIE

La mosquée de Médine; type de la mosquée primitive.

La mosquée de Damas, rectangle à coupole.

Quant à la fameuse mosquée d'Omar, à Jérusalem, c'est l'*Anastasis* de Constantin, dédicacé en 333. Le dôme du Rocher enferme le véritable tombeau du Christ (1).

A Jérusalem, la mosquée El Aksa, reconstruite en 1236.

PERSE

La mosquée n'a pas de cour. Les murs extérieurs sont ornés de faïences émaillées où les animaux se mêlent aux fleurs.

INDE

Du douzième au dix-huitième siècle de notre ère, l'art arabe a bâti dans l'Inde : à Deli, la

(1) *La Terre du Christ*, par PELADAN, Flammarion, 1908.

grande tour de Cusal, cylindre pyramidal de 73 mètres, fort laid.

A Bilapur, l'intérieur de la grande mosquée, dont les arcs persans ont grande allure.

Sous la domination mongole, pendant deux siècles, se sont élevés, au nord et au centre de l'Inde, des monuments d'une harmonie de proportion inconnue jusque-là.

A Agra, la mosquée de la Perle. Le Taïa, mausolée commencé en 1630 et continué pendant dix-sept années, est un chef-d'œuvre.

A Secondra, le mausolée d'Akar.

A Fullepoore, la grande mosquée.

A Madurah, le palais de Timour.

ÉGYPTE

La mosquée de Tulun (885), avec ses portiques; celle du sultan Assan (1350); celle Cail-Bei.

ESPAGNE

L'invasion de 710 et la conquête de l'Espagne par Mousa, wali Africain commença une période étonnante au point de vue architectonique. Le tiers du revenu de chaque province eut une destination monumentale.

Saragosse vit s'élever la première mosquée;

Abder Rahman commença la mosquée de Cordoue. Son fils Hescham l'acheva; il éleva la fontaine célèbre Aïn Tarkid. Girault de Prongey nous a donné la description du palais bâti par Abder III pour sa maîtresse Zahra, qui fut démoli au onzième siècle.

A Séville se voit la transition du style byzantin au mauresque, quoique la mosquée de Cordoue soit le plus ancien monument islamique. Son plan reproduit la djami du Caire et de Damas. Onze nefs aboutissent à un patio d'orangers et de palmiers. Trois autres nefs plus petites coupaient les précédentes à angle droit.

A Tolède, à Valence, à Ségovie, à Saragosse, on trouve des vestiges musulmans; mais Grenade possède le chef-d'œuvre de l'art islamique, l'Alhambra, palais situé au centre d'une forteresse, sur le plateau de la Puerta del Sol. Il renferme une mosquée, les habitations du mufti et des moines. Les diverses parties se groupent autour de la cour des lions et de celle des myrtes.

C'est vraiment l'apogée d'un art de rêve et le plus beau décor pour une féerie, le cadre vrai des Mille et une nuits.

CINQUIÈME PARTIE

LES ARYAS OU INDO-EUROPÉENS

INDE — PERSE

I

INDE

CHAPITRE PREMIER

GÉNÉRALITÉS

§ 1. — *Le Pays.*

Le pays du Sindhou (Indus) entre ce fleuve torrentiel et le Gange, le pays des sept rivières Sapta-Shindou, aujourd'hui le Pendjab, avec cinq rivières seulement (deux affluents de l'Indus s'étant taris).

Tandis que l'Égypte est entourée par le désert et que la Kaldée se trouve voisine de la steppe, l'Inde a pour barrière ou horizon naturel la jungle, c'est-à-dire la végétation à l'état dyonisiaque. Le jeu de la chaleur solaire et de l'humidité nocturne exaspère les plantes, le bambou pousse de dix pieds par mois; l'insecte et l'animal, dans cette atmosphère ardente, pullulent, nombreux, divers.

M. Marius Fontanes a réuni des traits de nature précieux pour expliquer la mentalité indienne. « On voit verdir les rizières deux jours après le jet de la semence... Dans la quantité des animaux, l'homme n'est qu'une insignifiante minorité. Les singes langours à qui le peuple attribue la conquête de Ceylan, redoutables si on les irrite, vivent en tribus, se donnant des chefs obéis, connaissant les limites de leur territoire. La mort continuellement décrétée par les fauves et les serpents entretient la terreur et l'inévitable grouillement des bestioles fait la patience... Le Bengale est presque en entier de marbre blanc, le jade, l'agate abondent dans le Guzarate... On voit à Carnatic des pics d'aimant de 120 mètres... topaze de l'Himalaya, émeraude du Malabar, saphir et rubis de Ceylan, diamants de Visapour et de Golconde, coraux de Monaar. La nature, en accumulant ses trésors sur cette terre a immobilisé l'homme qui rêve en face de tant de merveilles, au lieu d'agir et de créer.

§ 2. — *La Race.*

L'Arya (Ehre, Erhman) noble, n'apparaît pas avant le dix-huitième siècle de l'antiquité ; ses textes les plus anciens seraient du treizième. Cette race, la dernière venue sur le théâtre historique, est la nôtre, elle remplit l'Occident et à ses sources nous retrouvons nos origines. L'Ayra correspond exactement au Japhet de la Genèse, à la race blanche des anthropologistes. La beauté des brahmes du Cachemire et des hommes du Beloutchistan est incomparable. Le beau type aryaque est l'apogée de la forme humaine et il n'est pas étonnant que les plus beaux des hommes aient réalisé la beauté en plastique. Indra est dit Sousipra « au beau nez ».

Si la société aryenne se base sur la caste, sa sensibilité communie incomparablement avec l'animalité. De Langle rapporte qu'il n'a jamais vu la résistance que nos animaux d'Occident opposent à la volonté de l'homme, ni non plus la brutalité de l'homme d'Occident contre l'animal.

Agni, Vischnou Mitra, Savitri le feu, est l'incarnation du principe divin. Il naît du frottement des aranis où le pramantha (Prométhée) tourne dans le trou de l'autre bois : Swastika veut dire ainsi soit-il.

Vichnou (soleil) contemple la naissance du feu.

Si les réformés avaient connu le Rig Veda, ils auraient pu s'en autoriser pour leur absence de cérémonies. Primitivement et védiquement, un tertre dans une enceinte, un banc de gazon pour les mânes, un autel pour le sacrifice et le père de famille pour officiant.

Matines, laudes et vêpres sont les trois heures religieuses (trichanava).

§ 3. — *Les Idées.*

Le Védisme n'eut pas de temple, un autel quelquefois dans une enceinte : le feu allumé par le frottement de deux morceaux de bois, alimenté avec du beurre et le soma, suc de l'asclepias qui suivant les pays fut remplacé par le vin ou l'hydromel.

« L'œuvre de la production du monde se perpétue avec celle du sacrifice et ne saurait s'en séparer. » (E. BURNOUF).

Le culte des ancêtres fut la source de la croyance à l'immortalité de l'âme. Les Ferrovers (mânes).

Ni prêtres, ni rois dans le Penjab, ni villes, la famille et le groupement des familles constituant la société. Avec le Brahmanisme les pratiques se multiplièrent et les castes s'établirent, mais les castes sanctionnaient des faits d'un ordre politique. Conquérants, les Aryas mirent une barrière religieuse entre eux et les vaincus.

Le Brahme étudie, enseigne, se mortifie et s'extasie.

Les lois de Manou (Manarva Dharma Sastra en douze livres redigés au neuvième siècle) mériteraient de remplacer la Thora juive.

Le Seigneur existant par lui-même, l'âme de tous les êtres produisit d'abord les eaux et y mit le germe (théorie Darwinienne déjà notée en Kaldée).

Le dwidja, on le baptise, on le tonsure et on lui donne le cordon, d'âge en âge.

Le mariage, pour les femmes, tient lieu d'initiation. Une mère est plus vénérable que mille pères. Là où les femmes sont honorées, les divinités sont satisfaites.

Au IVe, on traite des Bramat Chari (novice), Gourou (directeur), Grihasta (maître), Vanaprastha (anachorète), Sangasi (dévot).

L'idée de la chevalerie se trouve : « un kchatrya qui a été reçu suivant la règle à l'initiation, doit s'appliquer à protéger avec justice tout ce qui est soumis à son pouvoir ».

Ce qui a été donné par force, possédé par force, écrit par force, est nul. Celui qui pardonne aux gens affligés qui l'injurient est honoré pour cela dans le ciel. — Le jeu et les paris sont des vols. Les Brahmanes et les Kchatryas ne doivent pas prêter à intérêts.

Le Vedanta ou Mimensa est un commentaire du Veda. Brahma s'est involué dans Maya, l'illusion ou la matière.

Le Sankya de Kapila est une doctrine rationaliste.

Un principe Prakriti, la racine sans racines renferme la promesse et la puissance. Le bouddhisme sortira du sankya.

Le disciple de Kapila, Patanjali, admit l'existence de Dieu.

Il faut mettre à part comme la plus propre à nous séduire la doctrine du Yoga ou Khrisnaïsme. La *Baghavah Gita*, ou chant du bienheureux, est un dialogue entre Krischna et son disciple Arjuna : c'est un des plus beaux livres qui soient et infiniment supérieur à la doctrine bouddhique.

Au VII° avant J.-C. naquit à Kapilavastou un fils de roi, Çakya Mouni, dont la doctrine est contenue au Tripitaka (trois corbeilles). Le succès de cette doctrine vient de ce qu'elle abolit les castes et proclame l'égalité du tchandala et du Brahme.

Le sermon de Benarès : « c'est la soif de l'existence qui conduit de renaissance en renaissance : l'extinction de cette soif s'obtient par l'anéantissement du désir ou état de nirvana. »

La vie est mauvaise : il faut s'évader de la vie en s'en détachant par la volonté. C'est moins une doctrine qu'une ascétique : la preuve en est dans le grand mouvement cénobitique, avec les huit vœux.

Le bouddhiste est un moine mendiant qui va à l'aumône le matin et ne mange qu'à midi ; on psalmodiait des offices, il ne pouvait coucher dans une maison, ni recevoir de la monnaie : l'ordre ne pouvait posséder.

La saison des pluies qui dure trois mois amena la fondation de moutiers.

Le culte commémoratif du Bouddha se compose de parfums et d'offrandes de fleurs. La confession publique avait lieu tous les mois. Le bouddhiste primitif fut l'ancêtre du frère mineur.

§ 4. — *Dates.*

L'Inde a trois périodes déterminées par le mouvement de sa croyance : la période védique, dans le Penjab ; la brahmanique aux bords du Gange, et la bouddhique.

Le Rig-Veda et ses trois cents poètes nous donnent une évocation patriarcale autrement pure que le récit juif et d'une singulière originalité. Plusieurs siècles furent passés dans le Penjab. Le Rig appartient à cette époque et au moment de l'exode vers le Gange.

§ 5. — *La Société.*

Le père (pitri), la mère (matri), le fils (suta, disciple) forment la famille, mais l'amour est déjà conçu, dirait-on, à la moderne, avec une sensibilité inconnue à d'autres races. J'emprunte à l'*Inde védique*, de M. Fontanes, une suite d'expressions caractéristiques : « On plaît aux dieux comme on plaît à sa bien-aimée, en se faisant aimable. » — « Les jeunes gens aiment la voix des jeunes filles autant que les dieux aiment les louanges des hommes. » — Le Dieu Soma se manifeste comme une femme applaudissant à son amant chéri. » — « Dieu n'est pas meilleur à l'homme qu'une femme ne l'est pour son amant. » — « La bonté d'Agni n'est comparable qu'à la bonté du fiancé ou de l'époux. » — « L'épouse jusque dans sa maternité féconde demeurera fière de son corps; elle est comme la divinité complaisante, empressée à combler le désir de l'homme ; semblable aux dieux, elle embellit tout de sa présence. » Pour la première fois, la femme est l'égale de l'homme et nous assistons à l'aube très pure de cette délicatesse qui deviendra plus tard la galanterie française, ce sens délicieux de la femme qui fit le côté charmant et doux de notre génie.

CHAPITRE II

ARCHITECTURE

§ 1. — *Le Temple.*

Le stupa bouddhique fréquent dans le pays de Teraï n'est qu'un tertre soutenu par une plinthe maçonnée et renfermant des reliques.

La plus ancienne forme monumentale est le lat, pilier monolithe sur une base et que surmonte parfois une statue, mais l'époque en est récente, 200 ans avant J.-C. Alors le stupa fut entouré de barrières sculptées de motifs religieux.

La portée de Sanchi, souvent reproduite, montre l'erreur artistique qui applique à la pierre le genre de travail convenant au bois et cela est si frappant que des monuments considérables, reproduits sans une figure qui serve d'échelle de proportion, semblent des bibelots, des jouets compliqués. Les sept pagodes de Madras donnent l'idée d'un groupe de petites sculptures sur une étagère de collection.

L'Hindou n'a jamais eu la notion architecturale ; myope esthétique il ne voit que l'intérêt de la petite place qu'il touche et s'y acharne maladivement.

Or l'impression de beauté ne résulte que de l'harmonie des proportions et aucune proportion ne demeure sous le découpage insensé de l'Arya du Gange. Notre moyen âge conçut et réalisa l'idée de la dentelle de pierre, mais il l'encadra dans les lignes génératrices de l'édifice, sans lui permettre de les déborder et de les déformer. La ciselure indéfinie est la pire tare. La pagode de Chawmuch à Satrunji n'a plus de forme.

La date du roi Açoka (265 av. J.-C.) est si basse qu'elle n'appartient pas même à l'antiquité.

Les explorateurs assurent que jusqu'au treizième siècle av. J.-C. on construisit en bois. Ce qui justifie cette opinion, c'est moins l'absence de monuments en pierre que le caractère des édifices existants, qui, quelles que soient leurs dimensions, sont découpés et fouillés comme des coffrets. La théorie aujourd'hui adoptée des origines indiennes de l'Europe, la certitude que les Ioniens sont bien les Yavanas descendus du mont Merou, l'identification védique des mythes

16.

grecs nous plongent dans un profond étonnement: l'Arya du Gange, admirable littérateur, prodigieux métaphysicien qui nous dépasse, comme il nous a précédés aux exercices de la pensée pure, ne réalise pas plus dans le domaine de l'art que dans celui du fait. La vision se substitue à la vue réelle et la vision sans règles ni système ne produit que d'étonnantes fantaisies.

Au lieu de cet édifice égyptien, kaldéen, chrétien, d'une précision mathématique où tout est raisonné, mesuré, voulu, où l'ornement a sa place marquée et unique, l'Indien semble un jour s'être attaqué à la montagne comme s'il voulait l'historier tout entière et que la mort seule l'ait arrêté.

« Les premiers sages, antiques et justes, stimulés par les joies du sacrifice, avec les Devâs, s'en furent à la recherche de la lumière cachée, et réunis en un lieu obscur, ils ont, par leurs saintes prières, enfanté l'aurore. »

C'est la seule idée du temple du Rig-Vedah, 194 C. I.

A l'époque où Memphis, Abydos et Thèbes sur le Nil et Babylone sur l'Euphrate avaient produit leurs plus beaux monuments, la race indo-européenne n'avait pas de sanctuaire construit ni aux bords de l'Indus, ni aux bords du Gange.

L'enceinte sacrificiale s'appelait vedi, là ou le soma (l'alcool) était versé.

La pagode (dagoba, châsse), chapelle de la haute Asie avec enceintes en l'honneur d'un dieu, ne doit jamais être tout à fait finie.

La cella (vimana) ne contient qu'une statue : il n'y a pas de fenêtre ; elle est surmontée de plusieurs étages en retrait (gopura), chacun avec un rebord de toits saillants. L'enceinte à colonne (mondapous) s'enclôt dans une autre à quatre portes orientées et à toits étagés (gopuras). L'Inde a reçu cette forme de la Chine.

La pagode dravidienne est en somme une pyramide à étages sculptés et de forme plus élancée que l'égyptienne.

La pagode vichouienne de Siringam enferme en son aire vingt-six mille habitants.

Le temple dravidien (vimana) se compose d'une chambre où siège une statue ou un bètyle. Elle est précédée d'un porche (mandapa) et de pylones (gapoura). Le sanctuaire s'augmente de salles à piliers pour les pèlerins et d'étangs.

Le temple de Tanjour atteint 63 mètres. C'est une pyramide à 13 étages, portant un dôme monolithe.

On distingue le style chaloukya, du nom de la dynastie du Bengale : ruines d'Halébid et de Somnathpoura.

Le bouddhisme a dressé des piliers symboliques (tats), des stoupas ou topes, et des chaityas ou cavernes sacrées.

Un chachya a d'ordinaire une façade rupestre, une nef à colonnes avec un chœur (dagoba).

Il faut signaler les couvents (vilharas), sculptés et peints.

Le Djaïnisme a des temples hypètres (bettus) avec une statue au milieu, souvent colossale.

Sur une étendue d'une demi-lieue, le flanc de la montagne a été creusé en temples et en chapelles à deux ou trois étages. Les sanctuaires bouddhistes se mêlent aux brahmaniques, ce sont des cryptes sans sculptures et qu'anime seule une statue assise de Gautama. Des marches taillées dans le roc mènent aux divers speos.

Le temple de Kaïlas (paradis) est un défi d'architectonique rupestre, il est monolithe. On pénètre d'abord sous un portique, puis par un pont, dans une pagode dont les piliers posent sur des éléphants : deux obélisques très sculptés se dressent à l'égyptienne. Ce temple est hypètre et à la clarté solaire cette ornementation exagérée, surchargée, aux figures tantôt hiératiques, tantôt convulsives, souvent obscènes, effarent comme une vision. Les avatars de Civa et de Vishnou, en reliefs qui sont presque de la ronde bosse, s'étalent voluptueux et inquiétants. Ces groupes divins, malgré l'aisance et le fini de l'exécution, produisent sur un Latin une impression de malaise. Kali et ses huit bras armés de poignards est barbare. Krisnah avec sa flûte est fantasque. Les yeux de jade ou de stuc blanc achèvent de dérouter le spectateur.

Le temple d'Éléphanta, dans l'île de ce nom, à une heure de bateau de Bombay, a un escalier aux centaines de marches qui monte au sanctuaire.

La salle de quarante mètres carrés est soutenue par des colonnes cannelées avec des chapiteaux à figures dans le goût égyptien. Des reliefs colossaux se détachent presque de la paroi, d'un mérite bien inférieur à ceux d'Ellora. On connaît le mariage de Siva jolie et amoureuse avec Parvati très grand et mitré : des femmes grasses mais souples mènent une ronde autour du Dieu à tête d'éléphant, le sage Ganeça.

L'inévitable bétyle met là sa banalité.

L'Indien a travaillé ses temples comme une noix et on est frappé de la monotone égalité d'exécution, de la constance des mouvements, de l'impersonnalité de toute cette sculpture qui semble un colossal vermiculé de la pierre.

Sauf le Bouddha à l'expression doucement énigmatique, les autres figures poncives et sans invention, se répètent grasses, et gesticulantes, à la fois décadentes et sauvages.

La race qu'on coudoye dans la rue est incomparablement plus belle que celle contemplée dans l'œuvre d'art.

En face de la Perse, on s'étonne de l'infériorité artistique comparée à la puissance métaphysique ; arrivé aux Indes, le même effet se produit et plus vif encore.

Isolez un des piliers à Madura, il s'impose par la curieuse invention, la singulière aisance d'exécution ; c'est un morceau d'art; mais rattachez-le au monument et vous avez une impression d'halluciné. Des somnambules ont dû tailler ces pierres qui, vraiment, tiennent plus du songe que de la réalité. Limitée sur un petit objet, la fantaisie séduit, mais un monument entier conçu en rêve irrite notre goût. Ce n'est pas avec l'imagination qu'on perçoit l'architecture, c'est avec la partie la plus saine de l'intelligence. Certes, la valeur artistique n'est pas niable et en isolant des figures, on donnerait une belle idée de l'art indien ; elle serait fausse.

L'indologie a bizarrement commencé par un apocryphe, l'Ezour Vedam, œuvre d'un jésuite français, missionnaire à Pondichéry, que Voltaire prit pour un livre antique et sacré, et dans l'ordre monumental les stèles d'Acoka au troisième siècle av. J.-C. inaugureraient leur construction ?

Les voyageurs nous parlent de lingam et de statues barbouillées de couleur rouge, dans une vision de décadence. Reportons-nous aux Vedas, à leurs mille hymnes d'un caractère si hautement primitif et nous leur trouverons une saveur aussi pure qu'aux plus vénérés textes d'Israël.

Qu'est-ce donc que ce touranien ou scythe que l'Arya trouve établi dans l'Inde ? Ces gens sont jaunes ; il y a aussi des noirs. Gog et Magog.

L'Inde se mêle à l'histoire de la Perse sous Darius ; à celle de la Grèce au temps d'Alexandre.

CHAPITRE II

SCULPTURE

Le ciseau hindou a travaillé d'abord les poutres du Tope et ensuite il appliqua le même procédé à la pierre (moulage de la porte de Sanchi, à Paris). Avant le bouddhisme, il n'y a pas de statues véritables, mais de très hauts-reliefs. Ce sont les bouddhas qui représentent pour nous le plus haut point de cet art d'hallucination.

Les formes sont lourdes et grosses pour les femmes, la pluralité des membres rend les figures divines tout à fait barbares, malgré que la plastique soit satisfaisante. On ne connaît pas de chef-d'œuvre et la singularité paraît plus que la beauté dans les reproductions. Le poncif règne dans l'Inde sans aucun des accents naturalistes si intenses chez les bouddhistes de Chine (217) et du Thibet (135).

APPENDICE

LA RENAISSANCE BRAHMANIQUE

Au sixième siècle avant Jésus-Christ, tandis que le Pythagorisme se répandait en Grèce, le Bouddhisme faisait la conquête de l'Inde.

Mais du cinquième au huitième siècle de notre ère, le Brahmanisme a reconquis les âmes perdues, et des monuments sont nés de cette Renaissance qu'il faut indiquer.

Pendant que notre race tremblait de voir le monde finir, en l'an 1000, l'Inde transformait l'influence arabe et s'exprimait mieux qu'elle n'avait fait jusqu'alors.

A Buvanesvar s'élève un bulbe côtelé tel que l'hallucination seule a pu le concevoir : le cauchemar et non la pensée humaine aboutit à des formes stupidement végétales : le potiron prototype du temple.

A Camrao, dans le Rapoute une quarantaine de temples peuplés de serpents et envahis par les herbes voient s'effriter leurs sculptures bizarres.

Au mont Abre (1.800 m.), deux temples en marbre blanc du douzième siècle.

II

PERSE

CHAPITRE PREMIER

GÉNÉRALITÉS

§ 1. — *Le Pays.*

Le plateau de l'Iran s'étend entre le bassin du Tigre et de l'Euphrate et celui de l'Indus, parmi des montagnes élevées. L'Assyrie s'aventura sur ce plateau et conquit la Médie vers 800 : à leur tour, les Irâniens se jetèrent sur Ninive et la soumirent. A l'occident, l'Iran touche à la Mésopotamie.

Le Khoraçan est un dur climat aux hivers très froids, aux étés torrides; mais le Fars est fertile. Protégé d'un côté par des steppes, de l'autre par le Zagreus, le pays défiait la conquête. Au reste, l'Avesta insiste sur la sainteté de l'agriculture au point d'en faire le rite par excellence de l'œuvre de lumière; on ne doit donc pas douter que les Iraniens n'aient commencé par cultiver le sol.

La Médie boisée et arrosée par les affluents du Tigre se prêtait aux moissons et aux vergers.

§ 2. — *La Race.*

Malgré sa basse antiquité, la Perse nous intéresse comme le premier avènement de notre race dans l'histoire de la civilisation, quoique les monuments caractéristiques soient du VIe av. J.-C. ou même postérieurs à ceux d'Athènes, cette civilisation présente la transition entre l'hégémonie orientale et celle de l'occident.

Les Madai (Mèdes) sont les seuls indo-européens cités dans le texte de la Genèse.

Yavan est identique à Iones (Iovanas), il a quatre fils Elischah (Eoliens), Tharschich (mer Égée), Kittim (Cypre), Rodanim (Rhodes, Cariens). Les autres fils de Japheth Thoubal (Cappadoce), Thiras (Cilicie).

La race Japhétide ou aryaque ou indo-européenne comprend l'Europe et, en Asie, les Perses et Indiens.

Les Aryas, d'abord réunis en Bactriane et Sogdiane, se divisèrent en deux exodes, l'une franchit l'Hindo Koush et conquit l'Inde, l'autre fonda la Perse.

Le type blanc ou caucasique constitue une différence tellement précise qu'au seul aspect, il se sépare de tous les autres.

Les Mèdes plus tôt civilisés que les Perses trouvèrent à Suse des Élamites au type négroïde à en croire les bas-reliefs d'Assourbanipal, qui avaient été écrasés par l'Assyrie et qui acceptèrent le nouveau joug. Ces Élamites auraient quelque rapport avec les peuples chassés de l'Inde par les conquérants Aryaques, ou avec les Hycksos envahisseurs de l'Égypte.

Anquetil Duperron (1762), Eugène Burnouf, Spiegel nous ont donné l'*Avesta*. On attribue 17 siècles d'antiquité à ce livre. « Ils n'érigent ni statues, ni temples », dit Hérodote. Les montagnes sont les hauts lieux naturels.

Zarathoustra (Zoroastre) fut un réformateur plutôt qu'un fondateur. Zend-Avesta (Prière et loi).

Par une loi indémentie, c'est toujours un conquérant qui va éveiller à l'ambition son futur vainqueur.

§ 3. — *Les Idées.*

Le védisme est-il la source du Mazdéisme? L'*Avesta* fut apporté par Zarathoustra (Zoroastre) au roi de Bactriane.

Ahoura Mazda (Ormouzd) est Dieu, incréé et ayant tout créé par son Verbe esprit et matière, êtres et cosmos. Six génies l'assistent (Amshaspands); des milliers d'Yzeds (anges) leur obéissent pour la conservation de l'univers, ce sont des esprits élémentaires et cosmiques. Des Ferouers, anges gardiens, chaque homme avait le sien, même Aouramazda..

La conséquence de la création du monde a été le mal, Arhiman, génie de l'ombre et du péché; six mauvais génies l'assistent; des milliers de Devas (démons) leur obéissent.

L'homme aidé par les Yezeds doit triompher des Devas. Au reste Arhiman qui est né de la création du monde doit un jour reconnaître la suzeraineté d'Ormuzd. Le mal est transitoire, il n'a pas coexisté avec le bien et il doit finir : il ne s'agit donc pas d'un dualisme de principe, mais d'un antagonisme, d'une force antithétique au principe créateur.

En Médie, les Touraniens sous les traits des

magoush (mages) vêtus de blanc, coiffés de hautes tiares, devins et conjurateurs, pouvaient seuls, par leurs oraisons secrètes rendre le sacrifice efficace : le dualisme sans doute fut la part touranienne dans la religion et donna lieu à une conception obscure, l'akerèné.

Primitivement ce fut un crime de prier Arhiman, mais, par la suite, la sorcellerie qui toujours se manifeste chez les hommes de race touranienne se déclara à la façon Kaldéenne et il y eut un culte conjuratif du mauvais principe plus redoutable que le bon.

Une réflexion s'impose au moment où l'historien rencontre la race Aryaque. Comment a-t-elle tant tardé à produire des formes originales, elle qui devait réaliser les plus parfaites ; comment les ancêtres des Ioniens, les Yavanas, n'ont-ils élevé que des monuments bizarres et sans beauté dans leur patrie primitive? L'esprit voudrait trouver un mouvement parallèle dans les idées et dans leur expression artistique; il est déçu, quand après avoir lu le Zem Avesta, il ne trouve d'Ecbatane à Persepolis que des imitations babyloniennes et le perpétuel emprunt des formes étrangères.

Le Mazdéisme est une religion très pure; l'être suprême s'y affirme sous des formes élémentaires qui ne cachent pas son unité : la typification des phénomènes naturels, si intense dans le védisme cède la place à l'abstraction chez l'Iranien. Le jeu le plus subtil dės éléments est la figure du créateur et dès lors nous n'aurons pas sa statue anthropomorphe.

Pour parler le langage symbolique, le lion persan s'accoupla avec la licorne touranienne; après que l'influence babylonienne eut sabéisé les Iraniens de la Médie, le dualisme s'affirme par la multiplication des génies et des démons correspondants.

C'est Mithra, un des Izeds que l'art de basse époque nous montrera le plus souvent égorgeant le taureau : il représente l'énergie terrestre. A peine cité dans les hymnes anciens, il devint le bras droit d'Ahoura Mazda, le peseur des âmes sur le pont Tchinvat qui sépare ce monde de l'autre.

L'importance du Mazdéisme n'a pas encore été bien estimée, il a fourni beaucoup d'éléments à la pneumatique chrétienne; sous la forme du culte mithriaque il a pénétré dans l'empire romain. On sait que les Nestoriens se réfugièrent en Perse.

D'autre part, une inscription de Suse dit « qu'Ahoura masda Anahita et Mithra me protègent ». Cette Anahita, Anaïtis est une intruse dans le Mazdéïsme et vient de Babylone (Mylitta), de Phénicie (Astarté) ou des croyances touraniennes fort mal connues.

A l'époque agricole, le culte semble patriarcal.

§ 4. — *Les Dates.*

Tandis que les Mèdes longeaient l'El-Brouz et traversaient l'Hycarnie, les Perses se fixèrent dans un pays qu'ils nommèrent Parça.

Salmanasar III, en 842, bat les Madaï (Mèdes) qui eurent pour première capitale Ecbatane, avec Kyouaxares comme fondateur. Son fils Astyage épousa Cambyses mère de Kyros.

Les grandes lignes de cette histoire sont simples.

Au VIIe, les Mèdes l'emportent sur Assour, et au VIe les Perses leur succèdent.

Les Achéménides, maîtres de la Babylonie, portent leurs étendards en Afrique, en Grèce jusqu'aux victoires d'Alexandre.

Le nom d'Achéménide vient de l'Achémenès qui commandait l'exode, à l'arrivée dans le Fars.

Cyrus soumit Sardes et Babylone (538). La Phénicie paya tribut. En 523 Cambyse conquit l'Égypte, puis viennent les guerres médiques qui épuisèrent ce puissant empire dont l'apogée se place sous Darius, fils d'Hystape.

Du Nil au Bosphore et sur la côte méditerranée un seul sceptre se dressait, celui d'un roi d'Asie Mineure.

CHAPITRE II

ARCHITECTURE

§ 1. — *Le Temple.*

Les *Atech-gah* oupyrées sont plutôt des autels que des sanctuaires. Celui de Nakck-i-Rousten est un roc naturel dominant la plaine où s'élèvent deux autels carrés dont chaque côté porte un cintre à colonnes en bas-reliefs. Le sommet offre le creux propre à un feu. A Pasagarde, on trouve le soubassement d'autels semblables.

Comme ces autels se rencontrent par paires, Flandin s'est demandé si ce n'était pas la trace d'un culte dualiste, honorant le bon principe et conjurant le mauvais simultanément? Mais ailleurs, on trouve l'atech-gah par unité. C'est, en somme, un dolmen construit auquel on parvient par des marches et qui ne correspond qu'à la présence des Mages allumeurs et conjurateurs du feu sacré. On est surpris de la disproportion entre l'édicule religieux de cette race et l'importance de son livre sacré, l'Avesta.

Flandin raconte, dans sa relation, qu'un jour, dans les hypogées de Persepolis, il fut troublé par la présence de deux vieillards, des marchands, qui ramassèrent du menu bois, et formèrent un petit bûcher sur le bord de l'escarpement et l'allumèrent en priant.

« Pendant que ces deux guèbres priaient devant leur feu, je levai les yeux sur le bas-relief supérieur du caveau funéraire. La scène s'y trouvait figurée toute semblable à celle dont j'étais témoin. »

L'Égypte et la Kaldée seules furent vraiment créatrices, ce sont les civilisations mères et il faut atteindre la Grèce pour trouver une nouvelle période d'invention et de beauté réalisée : mais la succession du génie des races ne s'opère que par de longues et lentes pénétrations et on ne peut négliger les arts de transition, surtout s'ils représentent, comme ceux de la Perse, le passage de l'hégémonie des races sémitique et touranienne à la nôtre. Les Perses offrent cet intérêt à notre étude qu'ils sont nos consanguins, selon le Iaphétisme biblique et aussi d'après l'Aryanisme.

Si on compare l'art phénicien à l'art persan, c'est à ce dernier qu'on trouvera une originalité relative, non pour des inventions de formes, mais pour des combinaisons de profils déjà connus.

Le Temple tient peu de place dans les ruines venues jusqu'à nous : le palais seul exprime la race. Il faut dire à l'excuse des Iraniens qu'ils se trouvèrent subitement entourés de civilisations accomplies, et que Cyrus et Cambyse les rendirent maîtres du vieux monde. Ils furent donc subjugués esthétiquement ; leurs vassaux leur fournirent un art complet.

La tendance aryaque fut toujours d'idéaliser les supports, de développer la verticale.

A Persepolis, des colonnes de vingt mètres ont comme diamètre le rapport du treizième.

§ 2. — *La Tombe.*

Du plus beau marbre blanc, le tombeau de Cyrus ressemble à un habitacle à fronton triangulaire, posé sur une réduction de ziggurrat, c'est-à-dire de sept terrasses en retrait les unes sur les autres.

Après trois jours, l'âme quittait la terre. Un

Anubis Rashnou la pesait ; juste elle passait le pont du paradis, impure elle était précipitée en enfer.

Brûler le corps, ou le noyer, ou l'enterrer, c'était pour l'Iranien souiller l'élément où on le mettait. Pour le jeter en terre, on l'enduisait de cire ; on l'exposait dans des tours rondes sans toit « dakhmas », où les vautours les dépeçaient à leur aise.

§ 3. — *Le Palais.*

Ahoura-Mazda n'ayant que des autels, sur les montagnes, l'architecture se résume chez les Perses dans le palais royal ; à Ecbatane, à Persepolis, à Suze.

Selon Strabon, qui cite un certain Polyclète, chaque roi se fait construire un palais, comme en Égypte il se faisait construire une tombe.

A Pasagarde, Cyrus vainqueur d'Astyage, avait beaucoup construit. Il reste des colonnes de 5 mètres, et aux piliers d'angle on retrouve la place des poutres de la charpente.

A Persepolis, sur une vaste esplanade où l'on monte encore par un large escalier de cent onze marches qui porte sur le roc vif, s'élevaient les Propylées et la salle aux cent colonnes.

Le mur de l'esplanade porte l'invocation de Darius à Ahoura-mazda.

« Persepolis était, après Suze, la ville la plus grande, la plus belle de tout l'empire perse. »

Les piliers de 11 mètres montrent le taureau de Ninive : la restitution de Ch. Chipiez nous donne un pylone, œuvre de Xercès. Mais le chef-d'œuvre de cet art devait être la salle hypostyle. On parvient par des rampes, où la paroi émaillée montre un garde à chaque marche, à une terrasse où treize colonnes se dressent encore : c'était une salle du trône. Avec beaucoup de sagacité, M. Perrot a démontré que cette salle était ouverte de tous côtés, il en a donné l'ornementation luxueuse et polychromée. On peut faire d'intéressants rapprochements entre l'hypostyle de Karnack et celle de Xercès avec ses soixante-douze colonnes.

Pour en bien juger, il faut se figurer cette salle ouverte, élevée au-dessus de la plaine.

De la salle aux cent colonnes, par files de dix, il ne reste que la trace des bases ; elles avaient près de 12 mètres de hauteur et le fût moins d'un mètre. Plutarque raconte qu'Alexandre, poussé par la courtisane Thaïs, aurait incendié le palais des rois des Perses : on a trouvé des traces de cendres, en effet.

Les autres palais offrent la disposition des

propylées, mais les ruines montrent des portiques égyptiens.

Pour compléter l'évocation de ces monuments, il faut se souvenir que le mot paradis est persan, qu'il signifie parc et que ces lieux de séjour royaux participaient au caractère de la villa romaine à l'époque de la Renaissance. La végétation se mariait à l'architectonique pour produire l'effet le plus merveilleux qui soit, le mariage de l'art monumental et de la nature. Le palais Achemenide garde sa physionomie en face du palais Sargonide. Loflus, le premier, a affirmé que l'hypostyle de Xercès à Persepolis et celle d'Artaxercès à Suse étaient ouvertes de tous côtés ou closes seulement de tapis.

M. Dieulafoy, qui a fouillé l'*Apadana* de Suze, en a donné une restauration qui l'identifie à l'hypostyle de Xercès.

Autant la colonne persane par sa fusée élégante et sa fine cannelure plait, presque à l'égal d'une chose grecque, autant son chapiteau contredit à la raison et au goût.

La tête de l'animal pourrait en agrafant les cornes à l'abaque donner quelque chose, mais les jambes repliées, la tête courbée sous la poutre, le taureau perd sa signification. La logique veut que son sabot pose sur le sol et qu'il soit le libre gardien du seuil, il représente l'idéal même de la sentinelle vigilante et redoutable : adossé à lui-même, rabougri, il ne fournit plus qu'un ornement de fourreau. Pourquoi les Iraniens choisirent-ils cette forme pour la répéter sans trêve : est-ce par souvenir de l'agriculture tellement honorée dans l'Avesta qui proclame le labour supérieur à la prière et l'œuvre des champs plus efficace que celle de la dévotion?

CHAPITRE III

LA SCULPTURE

La Médie artistique resta tributaire de la Babylonie; la Susiane, avant l'hégémonie persane, existait virtuellement : il en est souvent question dans les fastes anciens de la Kaldée et nous avons des bas-reliefs rupestres assez curieux, où le roi, les mains ramenées sur la poitrine semble prier, dans l'autre, on croirait qu'il fait un geste d'offrande. Malgré des différences d'accessoires propres à l'Élam dans la coiffure et le costume, ces bas-reliefs de Malamir, antérieurs aux Achemindes révèlent une exécution plutôt assyrienne.

A Pasagarde, parmi les ruines, se trouve un bas-relief représentant un curieux personnage, vêtu de la robe assyrienne, élevant du bras droit un objet indistinct mais rituel, une petite corne s'arrondit autour de son oreille, signe d'inspiration; sur sa tête trois disques égyptiens s'élèvent chacun sur un nœud de joncs et de plumes d'autruche et son bras gauche disparaît dans le croisement des quatre ailes de génie babylonien.

Au soubassement de la salle hypostyle, on voit des cortèges évocateurs de la pompe persane, les gardes avec leur courte lance et les officiers, les uns coiffés d'une calotte ovoïde, les autres d'une tiare basse à plis, tous ont la chevelure et la barbe frisés, celle-ci peu longue et en pointe, la tunique colle jusqu'à la ceinture, on voit à peu près à tous des pantalons. Les Mèdes seraient-ils ceux dont les vêtements sont plus larges, en robes, et les Perses ceux aux habits ajustés ?

A Behistoun, Darius est représenté, le pied sur un vaincu, la main sur son arc, suivi de deux gardes. Devant lui une file de prisonniers, le cou pris dans une même corde.

Ahoura Mazda plane dans le disque ailé d'Assour.

A la salle aux cents colonnes, les bas-reliefs des portes représentent le roi de Perse sur son trône.

Sa coiffure en casquette russe, laide de forme, jure avec la robe longue et bien plissée : un dais s'étend sur le monarque.

Les panneaux où, la robe relevée et passée dans sa ceinture, la tête ceinte d'un bandeau à la grecque, il combat les monstres, licorne (Persépolis) et griffon, offrent plus d'intérêt, mais ils sont rares : partout les murs du palais reflètent le roi et ses officiers, en profils monotones.

Ahoura Mazda avec la cidaris, la tiare plate remplaçant Assour dans le cercle solaire; voilà toute la représentation divine et cette figure d'étendard de petite dimension se place comme une sorte de blason au-dessus des bas-reliefs.

Aucune figure de femme, même de captive, ne nous est parvenue, et nous n'avons ni statuettes, ni amulettes.

Quant aux animaux ils se répètent, identiques comme les gardes doryphores.

L'art perse n'a connu le corps humain ni la draperie, il reproduit le personnage officiel en costume, sans les accents admirables des bras et des jambes de l'Assyrie.

Le Persan est joli homme, svelte, aux extrémités fines, à la taille cambrée, avec des indices de raffinement, puisque le roi qui tient le sceptre d'une main, de l'autre élève une fleur. Cependant on s'étonne que le personnage sculpté ne soit pas plus beau, alors que la race donne même aujourd'hui le type grec dans sa plus grande pureté : cela prouve une fois de plus que le modèle ne suffit pas, que l'artiste sait rarement voir la beauté vivante. A considérer un morceau de sculpture persepolitaine, isolément, on croirait à une œuvre assyrienne de la décadence, même dans les plaques émaillées, le décor lui-même vient de Babylonie. Il y a une certaine sûreté dans l'exécution persane : on peut dire à maintes occasions que le travail en est excellent.

Aujourd'hui les Persans sont d'excellents graveurs de cachets : à la grande époque perse, ils recevaient leur glyptique de la Mésopotamie et de la Phénicie.

Le cachet de Darius représente une chasse au lion, un autre donne le roi terrassant un prisonnier relié à d'autres par une corde.

La monnaie perse, les fameuses dariques sont des travaux grecs ou phéniciens, malgré que le roi de Perse y soit représenté décochant une flèche : on les fabriqua pendant deux siècles, sous dix rois.

L'art persan est le dernier des arts orientaux, puisque déjà il subit l'influence hellénique; son apogée se place à l'aube du cinquième siècle; avec lui l'hégémonie asiatique s'éteint, et le mahométisme seul lui redonnera une architecture.

On sait que les Parthes, puis les Sassanides restaurèrent après la mort d'Alexandre le culte persan qui durerait encore sans la conquête arabe qui, en faisant cette race mahométane, l'a littéralement abolie. Cependant de toutes les familles dites orientales, c'est la plus parente de notre mentalité.

Flandin et Coste, *Voyage en Perse*, 1840.
Texier, *Description de l'Arménie, de la Perse*, 1884.
Perrot et Chipiez, *la Perse*, 1890.
Chipiez, *Histoire des origines des ordres grecs*.

SIXIÈME PARTIE

LES ARYAS D'ASIE MINEURE

I. CHYPRIOTES. — II. TROYENS. — III. HETTÉENS. — IV. PHRYGIENS. — V. LYDIENS. — VI. CARIENS. — VII. LYCIENS.

Généralités.

Si nous cherchons comment l'Orient et l'Occident se connurent, nous trouvons un double courant. Danaus, « frère d'un pharaon dont il fuit la colère », s'établit à Argos, avec ses filles, l'an 1250.

Cadmus vient de Phénicie, vers la même époque ou un peu avant, et bâtit la Cadmée à Thèbes.

D'autre part, nous avons la guerre de Troie et l'Argonautide.

Pelops est fils de Tantale le Phrygien. Cecrops un Égyptien qui fonde Athènes.

Persée, le libérateur d'Andromède, est un Arya vainqueur à Joppé.

Ces légendes consacrent des faits ethniques plus encore qu'historiques : le héros des fables est plutôt un type de race qu'un individu.

A l'époque où Moïse conduisait les Bene-Israël dans l'Arabie Pétrée, des Grecs aventureux avaient déjà fait des expéditions en Asie, les Mèdes existaient comme groupement et l'Égypte avait abordé en Attique, la Chine était déjà un vieux pays stable, presque immobile en ses traditions, et l'Inde voyait Agni s'incarner dans la flamme du Soma.

La part sémitique dans l'œuvre humaine est plus petite qu'on a cru, puisque la Kaldée primitive n'est pas sémitique et que l'Occident a reçu surtout les leçons de l'Égypte. *Secundum barbam, barbam Aaron* ne peut plus se dire, non plus que le *Secundum ordinem Mechissedec.*

Les livres d'archéologie orientale saluent la race Aryenne à la rencontre de la Perse, au huitième siècle ; et circonstance singulière ils ne tiennent pas compte des traditions qui nous montrent le frère d'un pharaon arrivant à Argos, lui et ses filles (les Danaïdes), fuyant l'union avec les Éthiopiens, ni du fait historique qui se cache dans l'histoire des Argonautes, razzia hardie où le chef se fait aimer de la fille du roi pour enlever le trésor.

Il faut évidemment rapprocher l'arrivée de Danaus à Argos de l'expédition contre Troie qui apparaît comme la plus ancienne civilisation Aryenne.

En éclairant par les fouilles de Schlieman les peintures de l'Iliade, nous découvrons une race douce et courageuse, pacifique et cependant vaillante, d'une moralité supérieure aux autres groupes humains de ce temps.

L'Asie Mineure ou Anatolie, « un petit trou qui s'élève au sein de trois mers » (Curtius), a été explorée par M. Perrot qui la compare « à une main que le continent asiatique tendrait à la Grèce. Les doigts sont les promontoires, les îles montueuses que la péninsule projette dans la mer Égée... Combien est étroite la corrélation des deux presqu'îles de l'Anatolie et de l'Hellade. »

L'Anatolie comprise entre le Pont-Euxin au nord, la mer Égée à l'est, la Méditerranée au sud, le plateau central occupant les deux tiers de la péninsule comprend la Galatie, la Cappadoce et ses steppes, l'ancienne Phrygie et ses forêts de pins.

La Phrygie (Thraces) civilisée après la Cilicie, ensuite vient la Lydie.

Hetéens rive droite de l'Halys, Phrygiens aux sources du Sangarius et du Méandre, Lydiens de l'Hermus.

I

CHYPRE

§ 1. — *Le Pays.*

Cette île a, à peu près, la dimension de la Corse ; du côté de l'Asie elle est inhospitalière et aride, sa côte orientale au contraire, fertile, abonde en mouillages.

Léonard de Vinci a laissé une description de cette île : « Aux bords méridionaux de la Cilicie se voit, au midi, l'île qui fut le royaume de la déesse Vénus. La beauté de la douce colline invite les navires vagabonds à se récréer parmi ses verdures fleuries, car des vents trompeurs emplissent l'île et la mer qui la baigne de suaves aromes. »

M. de Cesnola a découvert des centaines de figures, des milliers de bijoux et de vases, il dit avoir exploré à peu près quinze mille tombes.

Les noms de Paphos, Amathonte, Idalie, Golgos nous sont familiers, ce sont des synonymes de l'Aphrodite Pandemos; mais qui sait si l'Aphrodite Uranie n'eut pas Istar pour prototype, Astarté pour étape?

Les mythes orientaux s'adoucirent en passant par l'île fortunée : Kypris brille aux vers de l'Iliade.

Les bas-reliefs des sarcophages d'Amathonte sont curieux par l'accommodation du mythe grec au goût asiatique.

§ 2. — *La Race.*

Qui, du Phénicien ou du Grec, prit pied le premier à Chypre, et quel est le rapport des Kypriotes (Khittim) de la Bible avec les khetas des inscriptions égyptiennes?

A moins de très longues pages exposant l'aspect multiple de semblables questions, on ne peut que poser le problème. Il serait malhonnête d'oser une assertion douteuse; mais l'écriture dite cypriote est un dialecte grec.

La ville de Kition précéda Paphos et Amathonte. Même dans la Genèse, Kition est rangé parmi les japhétides, par Iavan (yavanas, ioniens).

L'hypothèse d'une exode de Troyens, après la ruine de leur cité, peut être admise. Qui sait si les signes cypriotes ne sont pas troyens : on les a trouvés dans les ruines d'Ilion.

Le Phénicien n'a jamais tenu qu'un comptoir; il ne pouvait donc pas voir avec déplaisir Chypre se peupler, puisque cela lui représentait des clients et qu'il ne voulait pas d'autres genres de sujets.

Il y a eu des rois à Chypre, et même neuf royaumes, mais ils payaient tribut tantôt à Sargon, tantôt à l'Égypte ou à la Perse.

Athénée donne des détails sur la vie sensuelle et dépravée des Cypriotes.

Le grand rôle de Chypre fut géographique; l'île était pour l'Occident comme un dernier boulevard et pour l'Orient le point le plus avancé.

§ 3. — *L'Art cypriote.*

Titus, pendant la guerre de Judée, visita le temple de Paphos dont on voit une vague figure sur les monnaies, M. Lang, à Dali, M. de Cesnola à Golgos, ont trouvé un temple rectangulaire avec un cône symbolique au centre, et beaucoup d'ex-votos.

Murs de briques crépis en blanc; piliers de bois à chapiteaux lapidaires. La circonstance remarquable est dans la foule des statues alignées le long de la nef, statues de fidèles et non de dieux, statues votives probablement. Au seuil un colossal bénitier, le vase d'Amathonte, 2 mètres de diamètre (au Louvre), aux anses simulées en palmettes grecques encadrant un taureau de profil. Perrot y voit un analogue de la mer d'airain de Jérusalem qui était un réservoir d'eau à ablution.

Le trésor cypriote de Curium trouvé par M. de Cesnola, très abondant en bijoux d'or, comprend des scarabées au cartouche de Toutmès III, des cylindres sargonides, des pierres gravées à sujets helléniques. La réunion de ces objets caractéristique des trois courants d'influence que subissait l'artiste cypriote. Curium, selon Strabon, est une colonie d'Argos.

Kition, plus syrienne que les autres cités de l'île, a livré un sarcophage anthropoïde. Idalie a présenté un arrangement de squelettes assez curieux allongés sur des banquettes se faisant face et ayant entre eux des vases et objets dédicatoires.

Amathonte donne des cubes de pierre semblables à un dé colossal; à l'intérieur les sarcophages sont placés le long des parois comme des coffres. Neo-Paphos offre une disposition tout à fait remarquable : une cour quadrangulaire entourée de piliers précède les caveaux et ces piliers d'un dorique trapu ; le tout taillé dans le roc et non construit.

Il y a, pour l'esthète, un style cypriote fait de plastique grecque et de perversion asiatique. Il importe peu que les coiffures et les ceintures soient égyptiennes ou assyriennes, le traitement des corps et de la draperie, l'expression du visage constituent une physionomie qui saute à l'œil.

Le fameux geste de la Vénus de Médicis se trouve dans des statuettes cypriotes.

Au reste, on ne se trompe point en découvrant un charme érotique à l'art de cette île amoureuse entre tous, aux belles forêts, à la végétation merveilleuse et qui passait pour la patrie de la rose, l'île qui sent bon, contient aussi le henné d'un si grand rôle dans les artifices féminins, et l'intérieur du sol aussi riche que la surface, le cuivre prenant son nom du lieu, cuprum.

Le musée de New-York possède la collection des statues votives du temple d'Idalie. Chacune tient un objet d'offrande, fleur, fruit, parfum. Elles portent presque toutes un costume à l'égyptienne.

II

LA TROADE

§ 1. — *Le Pays.*

Sur la colline d'Hissarlich, près du Scamandre, Schlieman a retrouvé l'Ilion du douzième siècle avant notre ère. « Entourée à l'orient par un large repli du fleuve, cette colline s'abaisse vers l'ouest en pentes douces. Les nombreux filets d'eau qui jaillissent sur ces pentes s'assemblent et forment deux ruisseaux qui se distinguent par leur abondance et leur température toujours égale. C'est comme une marque immuable qui nous permet de reconnaître dans cette citadelle escarpée la forteresse d'Ilion. Ils sont restés les mêmes qu'au temps où les Troyennes descendaient pour puiser l'eau et laver le linge ; aujourd'hui encore, les vieux murs contiennent l'eau et la rassemblent. » (CURTIUS, 1.66.)

Des créneaux de Pergame, l'œil voyait le Simoïs et le Scamandre mêler leur course jusqu'à la mer où les flots de l'Hellespont se jettent dans la mer Égée. « Aucune ville royale de l'Ancien Monde ne fut aussi bien située. Derrière elle, les versants boisés et riches en troupeaux ; à ses pieds la plaine fertile, en face les cimes lointaines de Samothrace se dressaient en face de l'Ida. » (Id.)

Priam commandait sur toute la terre qui va de Makar jusqu'à Lesbos, à la Phrygie et au large Hellespont.

§ 2. — *La Race.*

La découverte par le docteur Schleman en 1871 de la Troie chantée par Homère, a remis en question toute l'histoire de l'antiquité orientale, car dans les 14 mètres de débris percés méthodiquement, en notant à quelle profondeur se trouvait chaque objet, on trouve la trace de deux incendies. Si la couche supérieure correspond aux événements de l'Iliade, l'autre remonterait à 25 siècles av. J.-C. D'après l'estimation de

M. d'Orcet, la fondation de Troie s'élèverait à 70 siècles avant notre ère.

§ 3. — *Les Dates.*

Le premier incendie de Troie est antérieur d'une douzaine de siècles à celui allumé par les Achéens, il coïncide avec l'invasion de Hycksos en Égypte, 25 siècles avant notre ère.

Chypre reçut une colonne de Troyens fugitifs.

C'est donc le second empire troyen qu'Homère a chanté.

On a supposé que les fondateurs de Troie, partis des bords de l'Atlantique, sont arrivés par le Danube, apportant avec eux le bronze?

La civilisation troyenne appartient à l'âge du bronze, d'après l'examen des armes découvertes.

Les incendiaires de Troie, d'après les textes égyptiens, se nommaient Teucriens et Dardaniens.

§ 4. — *L'Art troyen.*

Troie était bâtie en briques crues, les fondements seuls du palais étaient en pierre. Trois mètres de cendres indiquent que le bois formait un élément considérable de la construction.

Le palais aux portiques éclatants avec ses cinquante chambres nuptiales en pierre polie pour les gendres du roi. Ilion n'était que la forteresse de Troie.

La chouette à gorge de femme et à large nombril représente, à peu près seule, l'œuvre d'art. Schlieman compare à des verres à champagne munis d'anses des cônes symboliques d'Aphrodite.

On nomme « fusaïoles », volcans ou carrousels, de petits monuments retrouvés par milliers dans les ruines de Troie.

Hyssarlick (Ilion) constitue la transition avec Tyrinthe et Mycènes, mais aussi il révèle une première Troie sans trace de métal, une Troie de l'âge de pierre et cela est d'une importance capitale : car on s'était figuré jusqu'ici que le bronze correspondait seul à l'existence des cités et qu'il n'y en avait pas à l'âge de la pierre.

II

LES KHETTES

§ 1. — *Le Pays.*

Au Ramesseum, nous avons vu ce que l'Égypte devait appeler la campagne de l'an V, contre les Khetas, infatigables adversaires de l'Égypte qui faillirent s'emparer de Ramsès II vivant. Le vil ennemi de Cadesch a donc une importance véritable, puisque, à Thèbes, comme à Ipsamboul, sa défaite orne les murs. A un moment, d'après la lecture de M. de Rougé, les Khettes se trouvent à la tête d'une confédération qui semble réunir beaucoup d'éléments aryens, Lyciens, Cariens, Mysiens et Troyens. Ils réunissent deux mille cinq cents chars. Quinze années de guerre finirent par un traité gravé à Karnack et publié par Egger. On y trouve la formule « ami et allié ».

On y convient de l'extradition des déserteurs et des criminels ; enfin Ramsès épouse la fille du chef des Khettes.

Bientôt, les Khettes eurent à lutter contre Assour, Salmanasar fut vainqueur. C'étaient d'habiles cavaliers, de rudes conducteurs de char.

Cadech (Emese, Homs) avec son marais figure sur les bas-reliefs d'Égypte, Hamat, Gargemish étaient les villes Hittites. Il y a une langue et une écriture Khettéennes. M. Sayce lut sur une plaque représentant un guerrier : « Tardudimme roi du pays d'Ermé ».

§ 2. — *La Race.*

Le peuple Khettéen se serait constitué en Syrie au seizième siècle avant notre ère; il a subi la double influence de l'Égypte (alliance de Ramsès avec le roi Khettéen Kilisar) et celle de la Babylonie. Ce furent des métallurgistes.

Leur sculpture rupestre a une importance considérable.

Ces montagnards de l'Amanus et du Taurus représentés dans un bas-relief de Ramsès II ont le front fuyant, le menton court, mais non le nez sémitique; larges d'épaules ils portent des sandales recourbées ; ils avaient des gants longs et portaient les cheveux en nattes.

M. de Rougé s'est occupé de leur religion : le traité entre Ramsès II et Khatasourou est fait sous l'invocation des dieux égyptiens et Khettéens.

Thishoubou (Rammam) Shaousbi (Istar).

Nous avons le portrait de Katasourou, roi des Khètes. Sapaloulou régnait presque sur toute la Syrie septentrionale.

A M. Perrot revient l'honneur d'avoir suivi les traces Khettéennes des bords de l'Euphrate à ceux de la mer Égée, d'avoir établi des rapports formels entre des monuments dispersés et frustes et d'avoir coordonné un commencement du chapitre Syro-Cappadocien. Quand on aura déchiffré les signes qui se trouvent à la fois à Gargamisch et en Lycaonie, on découvrira peut-être quel rôle les Khettéens ont joué dans la transmission de la civilisation d'Orient à l'Occident. M. Sayce les appelle proto-Arméniens; maîtres de deux versants du Taurus, ils seraient par leur langue des Georgiens. D'après les ruines de Boghaz Keuil, il y eut une ville plus importante qu'Ilion (1).

(1) *Exploration archéologique de la Galatie, de la Bithynie, d'une partie de la Mysie, de la Phrygie, de la Cappadoce et du Pont.* Didot, 1870.
— *Souvenir d'un voyage en Asie Mineure*, Lévy, 1864.

§ 3. — *L'Art Khettéen.*

Il ne reste rien des remparts de Cadesch. Gargemisch, au bord de l'Euphrate, montre encore un double rempart.

A Tarse, il reste la trace d'une vaste enceinte; il y avait des monuments, à juger par le revers d'une monnaie, d'autres représentent un personnage debout sur un lion cornu. Les Grecs assimilaient le dieu de Tarse à Hercule.

De la Cilicie passant à Boghaz Keuil des kilomètres de mur témoignent d'une grande cité. Comme vassaux des Mèdes, les Khettéens furent battus par Cresus. Meyer croit que l'Arya a dominé en Cappadoce.

Au point de vue architectural, on trouve le chapiteau à volute chez le Khettéen.

A Gargemisch, une dalle représente une Astarté, nue et ailée, avec le geste phénicien des mains aux mamelles.

Elle porte un bonnet conique. Cette dalle provient d'un parement mural.

A Singirli une suite de ces plaques figure une chasse au lion.

A Abiston deux lions de seuil de 2 mètres de haut.

Un bas-relief présente deux personnages dont un ailé avec la mitre sur un lion accroupi.

Un autre où la tiare ressemble extraordinairement à notre chapeau en tuyau de poêle; le personnage tient de chaque main un objet semblable à un bilboquet.

Sur trois dalles on voit une chasse, thème qu'on retrouvera sur des plaques encore en place à Sindjirti; une stèle représente un personnage à souliers à becs devant une table d'offrandes.

Une autre stèle brisée et fruste montre un homme tenant une palme et un instrument de musique.

Lorsqu'on lira le Khettéen, on connaîtra les noms de ceux qui luttèrent contre l'Égypte et l'Assyrie.

A Marach on a trouvé, outre un lion maçonné dans le mur de la citadelle, un profil aux longs cheveux de type arya pur.

A Eujuck, Perrot a découvert deux sphinx devant un tell ou amas de décombres. Ces sphinx sans relief et imparfaitement dégagés du bloc, sont debout; le kalft finit en enroulement.

C'est encore une procession religieuse : des prêtres aux manteaux larges, aux amples manches, une prêtresse tenant l'ustensile qui ressemble au bilboquet; la robe traîne.

Un taureau furieux qui fonce, un lion dévorant un bélier.

Pour la première la forme de l'aigle à deux têtes se rencontre : l'invention en reviendrait donc à la Ptérie.

La déesse est assise, Anaït en face d'un taureau qui domine la scène; le grand prêtre indique que la religion locale se trouve ici figurée.

A Gherdek Kaiasi, taillé dans le roc un portique à trois colonnes donne accès à deux chambres funéraires ; aucune inscription sur cette tombe, la plus importante de la Cappadoce.

Le costume cappadocien se signale par la mitre pointue, la tunique serrée à la taille et le soulier à bec retourné.

Visiblement la Cappadoce a imité la Mésopotamie, mais le type est beaucoup moins musculaire.

Eujuck est antérieur à Boghaz Keuil. Perrot place les bas-reliefs d'Iasili-Kaïa entre le second empire assyrien et le règne de Cyrus.

Sayce a réuni les symboles cappadociens, il en ressort une filiation entre les œuvres de Gargamisch et celle d'Eujuck. La Ptérie, canton de la Cappadoce que Crésus ravagea et où il fut battu par Cyrus.

Perrot a identifié Boghaz Keuil à la capitale ptérienne.

Le prétendu temple d'Anaïtis est un palais complètement rasé, de 42 sur 57.

Texier y a vu un trône orné de lions. Perrot conclut des études qu'il fit sur place que ce palais, malgré la moindre échelle, « ne paraîtrait pas indigne de figurer auprès de ceux de Calach et de Ninive ».

Il a retrouvé deux citadelles et une porte en arche avec deux têtes de lions ; il signale des rapports de construction avec Tyrinthe et Mycènes.

Non loin de Baghaz Keuil, à Iasili-Kaïa une série de bas-reliefs rupestres dans une cour taillée en plein roc.

Ce sont deux processions qui font le tour de la salle et, chose singulière, les figures vont en grandissant vers le point de rencontre et passent de 75 centimètres à 2 mètres.

La suite de personnages à mitre pointue propre aux Saces représente le cortège proprement dit.

On reconnaît les divinités à leur taille et au socle ou à l'animal qui les porte, enfin à leurs ailes.

Le relief est si fruste qu'on hésite sur le sexe des figures. On y a vu jusqu'aux amazones du Thermodon, fondatrices d'Éphèse ?

Un dieu étrange à mitre pointue a le corps formé de quatre lions. On croit découvrir l'idée d'un couple divin mais sans pouvoir le nommer, probablement une version de Istar et Tammvz ; Atis et Cybèle, disent certains.

Le clergé a l'aspect de l'eunuque.

On suit les Khettéens en Phrygie.

Ancyre, fondée par les Phrygiens, selon Hérodote, a livré un lion passant, à Kabalo.

Perrot a découvert à Ghiaour Kalisy, sur un mamelon, une tour et sur la muraille deux personnages de 3 mètres, l'un imberbe, l'autre barbu et portant une mitre à garde-nuque : le costume est identique à celui de Boghaz Keuil.

En Lycaonie, à Ibriz, deux figures rupestres. Un dieu à mitre cornue, tenant des épis d'une main et des raisins de l'autre, est adoré par un prêtre en costume syrien.

La Lycaonie offre diverses sculptures attribuables aux Khettéens.

A Karebeli, sur un piton calcaire, dans un encadrement, marche un homme armé de l'arc et de la lance et coiffé de la tiare pointue ; il est chaussé et ceinturé à la façon Khettéenne.

On appelle Niobé de Sipyle ou Grande Image une figure presque détachée du rocher, assise et penchée en avant.

Est-ce la mère des Dieux des Magnésiens, citée par Pausanias ? Ovide parle aussi de cette femme sur la cime d'un mont.

Serait-ce la plus ancienne Cybèle que cette figure de Banète-Souret ?

On a quelques bronzes cappadociens assez

laids et des intailles à signes Khettéens, des sceaux d'argile, des coins d'une facture fille de la Syrie.

La Phénicie occupa les côtes de la Sardaigne mais l'intérieur resta autonome.

Les Iaoléens seraient des Lybiens? Ils fournirent des mercenaires à l'Égypte et à Carthage. Diodore dit des Lybiens : «Ils n'ont pas de villes, ils ne possèdent que des tours où ils déposent leurs provisions. »

La Sardaigne a les nouraghes, tours en cône tronqué à porte basse formant une chambre ronde à dôme allongé. On les trouve par groupes de 20 ou 30.

Sont-ce des tombes? des temples, des forteresses jouant le rôle du pyrgos grec, la tour de défense?

La Marmora a décrit les tombes proches des nouraghes : une stèle ovale de deux à trois mètres se dresse au-dessus du mur qui ne s'élève qu'à 1 mètre et où on ne pourrait être qu'à plat ventre. La stèle avait au bas une ouverture, pour des offrandes? On trouve des pierres levées, des cromlechs en Sardaigne et l'ensemble ferait croire à une race celtique?

On appelle idoles sardes de petits bronzes fort laids où des guerriers à boucliers ronds tirent de l'arc, types soldatesques.

Quelques-uns portent suspendus au col un

petit sac comme le sac à bétel ; imberbes mais d'un type indou.

A Teti et à Abini on a trouvé beaucoup de ces bronzes et des épées votives, des barques symboliques. En Sardaigne le sol est riche en gisements métalliques. La poterie n'a pas d'ornements caractéristique.

Une réflexion s'impose : la quasi immobilité du peuple sarde, malgré ses contacts avec la Phénicie. Le commerce ne constitue pas la civilisation, il en charrie les éléments à condition qu'il rencontre une terre propice.

IV

LA PHRYGIE

§ 1. — *Le Pays.*

Le pays occupait la vallée de l'Hermos et du Caystre. Le Méandre la séparait de la Carie.

La Lydie, Méonie d'Homère, nous est connue par l'ouvrage perdu d'un Lydien, Xanthos, dont Strabon nous donne des fragments.

Trois dynasties y auront régné, les Alyades, les Héraclides et les Mermnades, celle-ci fondée par Gygès.

§ 2. — *La Race.*

Hérodote affirme que les Cariens, les Lydiens et les Mysiens étaient consanguins; ils avaient la religion phrygienne. Les Phrygiens étaient Thraces et les Arméniens Phrygiens; en tout cas, ce sont des Aryas, des Grecs orientaux : ils ont donné à la Grèce Dyonisos et Orphée. Hérodote assure que les Phrygiens ont le droit de se dire les plus anciens des hommes, voisins et alliés des Troyens. Les inscriptions portent les noms de Gorgos et de Midas : on a l'alphabet phrygien.

Midas serait de l'an 700, le Midas qui change en or ce qu'il touche : Midas est-il un homme ou dynastie? Les Dardaniens passent pour avoir vaincu Tantale; c'est l'aïeul de Priam, le fondateur de Troie, le roi du Sipyle.

A Magnésie, à Smyrne, il y a des traces de cités identifiables à la légende Tantaléenne. Strabon dit: « Les Grecs ont aussi appelé Phrygiens Pélops, Tantale et Niobé. »

Selon Perrot, les Tantalides seraient élèves des Khettéens.

§ 3. — *Les Idées.*

La religion phrygienne nous est venue sous les anathèmes des Pères de l'Église. Cybèle, *mater Kibilé*, semble être la grande divinité. Men, dieu lunaire, et Atys (Adonis).

Le rite semble avoir pris un caractère théâtral, surtout au printemps. C'est dans le délire des cérémonies que les dévots se mutilaient. Le mode phrygien, qu'on l'étende de la lamentation sur la mort du dieu ou de sa résurrection, devait être frénétique.

Cybèle, assise sur un lion ou sur un trône avec des lions ou sur un char traîné par ces mêmes animaux, a une allure de style sévère, mais les orgies phrygiennes semblent aussi plus tragiquement passionnées que les lascivités cypriotes.

§ 4. — *L'Art phrygien.*

Le Sipyle s'étend entre l'Hermos et le golfe de Smyrne. « Il y a dans notre pays des preuves du séjour de Tantale et de Pelops, le lac de Tantale, son tombeau, le trône de Pelops, le hiéron de la Mère Plastené et ce rocher qui semble une femme en pleurs. »

Au nord de Smyrne, se dressait l'Acropole avec une porte en ogive tronquée.

Le tombeau de Tantale a 105 de diamètre en pierres sèches, la chambre a 2 m. 85 sous voûte; il a eu 27 d'élévation. On suppose que le sommet se couronnait d'un phallus.

A Kumbet, non loin de Pessinunte, beaucoup de chambres dans le tuf ont été des tombeaux : le tombeau du roi Midas, une face rectangle avec un fronton triangulaire. Des losanges, quatre par quatre, forment une espèce d'étoile à angle droit avec un carré au milieu : c'est un méandre et, au milieu des vides, il y a alternant avec le carré médian des croix grecques, le tout de 13 centimètres de relief. L'inscription dit que cela fut fait pour le roi Midas.

A Delikilach, Perrot a découvert une façade dans le rocher à fronton aigu, « au tiers une porte simulée avec double chambranle, l'inscription reproduit des caractères déjà vus sur les fusaïoles troyennes ». Ces façades sculptées seraient seulement commémoratives, au lieu d'avoir servi de tombe.

On a voulu voir un sanctuaire assez loin de la rive sur un mamelon qu'on appelle Ada, « clé ». Il reste la chambre de Cybèle, ou du bétyle et ce serait le sanctuaire de la mère Plastenée, le hiéron cité par Pausanias.

Le temple phrygien est un temple en plein air, selon la mode primitive des Aryas, on trouve des esplanades avec traces d'un mur d'enceinte des façades taillées dans le roc et des autels précédés de marches.

A Arslonkaïa, deux lionnes dressées contre

leur maîtresse Cybèle, silhouettes informes.

Des sphinx, des griffons et comme ornements des méandres et des croix grecques. Dans la citadelle à Pichmih kalé, on lit en caractères de 9 centimètres : « Il n'y a qu'un seul dieu » ; l'inscription n'est pas ancienne.

A Boudja, à l'est de Smyrne, un buste de 1 m. 10 avec les mains se joignant sous le cou et des cornes à la place d'oreilles.

A Kumbet, un bélier et des chèvres sauvages.

Le bas-relief de la tombe brisée où un guerrier porte un coup de lance à une figure énigmatique, tête à peine humaine sur un socle. Le cimier, le nasal, le bouclier rond font penser aux armes décrites dans l'Iliade. Le nez est bien grec, une barbe en pointe et point de moustache. Cette tombe s'ornait de deux lions affrontés.

L'art phrygien qui ne donne à Cybèle que l'aspect d'une lourde poupée est meilleur dans la représentation animale. Dans les rinceaux et les méandres, il y a des choses d'un goût classique.

Pâtre, laboureur, éleveur, vigneron, le Phrygien du Sangarios manifeste le caractère agriculteur de l'Arya. S'ils ne furent pas des poètes, ils inventèrent la flûte que Platon n'admet pas dans sa république, car la flûte est orgiaque.

Au point de vue esthétique, la Phrygie ne nous

livre ni un temple, ni une statue, mais dans le va-et-vient des courants civilisateurs, elle joue un rôle qui diminue celui des Phéniciens. On attribue à tort à Tyr et à Sidon toute pénétration syrienne sur les côtes méditerranéennes. Les Phrygiens ont tiré de la Syrie des idées et des formes, le culte de Cybèle et d'Athys, son rite d'émasculation et le phallus comme symbole.

« L'art phrygien est à l'art khettéen, à peu près ce que ce dernier est à l'art de l'Assyrie », dit Perrot.

Le Phrygien reste inférieur comme artiste au Cappadocien.

C'est en Phrygie que les Hellènes ont pu trouver les premiers modèles de l'ordre dorique, du chapiteau ionique, et du fronton triangulaire. Les Thraces de l'Asie Mineure seraient donc, à l'époque de la prise de Troie, les élaborateurs de l'architectonique grecque.

Fréquemment on retrouve le même édicule rupestre, orné de méandres dont la tombe de Midas est le type.

A Ayazuvin, deux lions colossaux sculptés dans le roc gardent l'entrée d'un sépulcre; à Yapuldok comme à Kombet, les façades sont de véritables façades monumentales.

M. Hirschfeld, dans la Paphlagonie montueuse

et boisée qui avait sur la côte Sinope, a retrouvé des tombes. Xénophon parle d'un chef paphlagonien Carylas.

A Hombarkasa, un beau portique dorique à trois colonnes. Dans une roche et devant ces bases, trois lions couchés.

A Is Kelib, même façade avec une base ronde et saillante à la colonne. Au tympan des amours ailés, des Éros.

V

LA LYDIE

§ 1. — *Le Pays.*

La Méonie ou Lydie, séparée de la Carie par le Méandre, comprend le bassin du Caystre et la vallée de l'Hermos.

Les dynasties Atyades, Héraclides et Mermnades. De ces derniers Gygès (687 à 653) et Crésus, dernier roi (546).

Les légendes sur la richesse des rois de ce pays doivent être interprétés dans un sens de prospérité générale attribuable aux riches pâturages et non au Pactole.

§ 2. — *La Race.*

Malgré les guerres, la sympathie des Lydiens pour les Iraniens paraît dans la contribution de

Crésus à l'édification du temple d'Éphèse. En outre, un mot d'Hérodote est à retenir : « Les Lydiens ont été les premiers à faire le métier de revendeurs », c'est-à-dire les premiers Aryas, imitateurs des Phéniciens. Le millionnaire, ce personnage si moderne, ce particulier qui prête aux rois, a pour ancêtre et prototype ce Pythias du Méandre qui se vantait de posséder cent millions et qui mit son argent au service de Xercès.

Au septième siècle, les Lydiens inventent la monnaie d'or ou d'electrum (or blanc). Les plus anciennes portent un renard, un lion, un taureau.

§ 3. — *L'Art Lydien.*

On a une plaque d'or à têtes de taureaux et de béliers et au milieu une femme à mi-jambe, de face, les bras au corps ; une autre plaque porte des masques d'or à la grecque (Louvre). Ces pièces égalent les meilleures de l'Égypte.

Il est sensible que l'hégémonie esthétique de la Grèce a commencé plus tôt que nous ne le croyons et que le génie Arya est allé modifier celui de l'Asie jusque sur sa terre.

« On voit en Lydie un ouvrage supérieur à ceux que l'on admire ailleurs (j'en excepte toutefois les monuments des Égyptiens et des Babyloniens); c'est le tombeau d'Alyatte, père de Crésus. Le pourtour est composé de grandes pierres et le reste de terres amoncelées. Il a été construit aux frais des marchands, des artisans et des courtisanes. Cinq hermès au haut du monument marquaient la portion que chacune des trois classes avait fait bâtir. La portion des courtisanes était la plus considérable. Ce monument a 1.171 mètres et 400 mètres de largeur. Auprès, le lac Gygée qui ne tarit jamais.

La nécropole de Bin-Tépé, près de Sardes, nous montre le tombeau d'Alyatte encore de 69 mètres de hauteur.

Le caveau en blocs de marbre ne contient plus le sarcophage.

On a calculé que le contour de la grande pyramide est inférieur à celui de la tombe lydienne.

Les autres tombeaux n'ont pas d'aspect : il n'y a qu'une particularité à noter : le lit funéraire en pierre sur lequel on étendait le mort : une dalle sur deux supports, comme nos bancs de jardin.

On croit connaître l'emplacement du temple de Cybèle à Sardes et celui de Artemis Lygea près du lac Gygée.

VI

LA CARIE

§ 1. — *Le Pays.*

Entre l'embouchure du Méandre et du fleuve Indus, Souf, Milet, Alicarnasse et Cnide. Les Cariens occupaient le littoral.

§ 2. — *La Race.*

Lydos et Mysos étaient-ils frères ? Ce sont des Aryas peut-être identiques aux Leleges.

Religion orgiaque et sanglante en l'honneur de Cybèle et d'un dieu à la hache (labrados).

Selon Hérodote, l'hoplite carien fut le prototype de l'hoplite grec. Les premiers, ils enseignèrent à mettre des panaches sur les casques, des figures et une poignée au bouclier. On les a vus mercenaires au service de l'Égypte.

§ 3. — *L'Art carien.*

On n'a d'eux que des tombes du type circulaire lydien.

Les temples ont été refaits au quatrième siècle, comme en Lydie, en bas style grec. Des murs à Iassos, dans la presqu'île d'Halicarnasse.

Selon Pline, les palais d'Attale et de Mausole étaient en briques ; les sarcophages étaient en terre cuite. Point de sculpture.

VII

LA LYCIE

§ 1. — *Le Pays.*

Entre la Carie et la Pamphylie, il n'y a que la vallée du Xante propice à la civilisation.

§ 2. — *La Race.*

Les Lyciens (Louka égyptiens), Fermilæ d'Hérodote) vinrent au secours de Troie avec Sarpedon et Glaucos. Il y a un alphabet lycien. Ce qu'on appelle le matriarchat est un trait aryaque. Les Lyciens ajoutent à leur nom celui de leur mère. Demandez à l'un d'eux de quelle famille il est, il nommera sa mère et les descendants de sa mère : si un homme libre a des enfants d'une étrangère, ils restent en dehors de la cité.

Xanthos, Pinara et Tlos étaient les villes, avec Patara et Pydnai, mais Xanthos était la métropole. Ce pays de montagnes ne fut jamais tout à fait soumis aux Achemenides.

§ 3. — *L'Art lycien.*

Il n'y a pas d'autre monument que la tombe ; M. Benndorff l'a étudiée : c'est une construction qui imite la maison de bois, le chalet, en ce pays de quelque rapport avec la Suisse.

A Pinara, au bas-relief d'un vestibule, on trouve des vues de ville lycienne, fortifiée et étagée sur le roc. Ils donnèrent à la tombe l'aspect de la maison.

A Myra, il a quelque ornement : à Aniphellas l'architecture porte sur une ligne de poutres apparentes.

Il y a une espèce de lanterne des morts à Xanthos.

La forteresse avait des tours carrées. Le Musée britannique a une galerie lycienne provenant des tombeaux de Xanthos.

M. Benndorff voit le plus ancien ouvrage dans

les bas-reliefs de Ghieul-Bachi qui ornaient une tour funéraire; ils représentent un cortège.

Des lions et le combat d'un homme nu et d'un fauve.

Le bas-relief était polychrome.

FIN.

TABLE

—

PREMIÈRE PARTIE

L'ÉGYPTE

DEUXIÈME PARTIE

KALDÉE ET ASSYRIE

QUATRIÈME PARTIE

LES SÉMITES

I. PHÉNICIE

II. JUDÉE

II. La Troade

III. Les Khettes

IV. La Phrygie

V. La Lydie

VI. La Carie

VII. La Lycie

ACHEVÉ D'IMPRIMER

le trois Novembre mil neuf cent huit

PAR

ARRAULT et Cie

A TOURS

pour le

MERCVRE

DE

FRANCE

www.ingramcontent.com/pod-product-compliance
Ingram Content Group UK Ltd.
Pitfield, Milton Keynes, MK11 3LW, UK
UKHW021847190726
13855UKWH00001B/189

9 782013 416115